ドリブルデザイナー
岡部将和が教える

超ドリブル講座

ドリブルデザイナー
岡部将和 著

KADOKAWA

プロローグ

私は現在、ドリブルデザイナーとして様々な活動をしています。ドリブル専門の指導者として活動をしていると思われがちですが、ドリブルはツールの1つとしか考えていません。何よりも伝えたいのは、取り組むことに対して、「失敗を恐れず勇気を出してチャレンジすること」。

そのことを世界中の人たちに伝えていくことが夢であり、目標なんです。

現役時代、高校生まではドリブル1本ではなく「パス」で試合をコントロールすることのほうが好きで、チームのストライカーに決定的なパスを出すことに力を注いでいました。

プレースタイルに変化が起きたのは、プロを目指すことを考えたからです。高校のチームが全国大会常連校ではなかったため、スカウトの目に留まるためには、ドリブルでディフェンダーを抜いてゴールを決められる選手にならないといけない。そのためには、ドリブルテクニックを磨いていく必要があると思い、それまでの何十倍もの努力をしたことを覚えています。

その後、Ｆリーガーとしてフットサルにプレーの場を替えましたが、27歳で現役を引退しました。体はまだまだ動けましたが、プレーをすることより、やりたいことが見つかったのです。

Ｆリーガー時代、プレーヤーをやりながら子どもたちの指導もしていました。指導を続けていくと、色々な発見や驚きがあって、どんどんのめり込んでいったのを覚えています。

「自分が指導した選手が日に日に輝いていく」

こんな素晴らしく、面白いことはないです。そして、自分の持っているものを、多くの子どもたちに伝えるためには、プレーヤーではなく指導者として生きていくしかない。そんな経緯で「ドリブルデザイナー」が誕生しました。

僕の目標の１つに、世界１９６カ国全部の子どもたちとボールを蹴ることというのがあります。その想いがかねてあったこともありますが、YouTubeやＳＮＳでの活動は世界を見据えてのことでもあります。

子どもたち、いや子どもだけにはこだわらず全世界の人たちに、ドリブルを通じてサッカーの素晴らしさや楽しさを知ってもらう。

そして、挑戦する心を駆り立てるような活動をしたいと常に思っています。

もう1つの目標が、世界一の選手の称号「バロンドール」。リオネル・メッシやC・ロナウドら、毎年そのシーズンのトップ選手が受賞する世界最優秀選手賞ですが、このバロンドールをとる選手のサポートをすることです。

バロンドールをとる選手は海外リーグにいるため、近いうちに海外移住をして、その選手の近くでサポートをしていきたいと思っております。

そうなると、日本に居られなくなるということで、日本の子どもたちに教える機会が減ってしまうと思われますが、それは違います。

現在、日本サッカーオンラインアカデミーで指導をしていますが、それに加えて岡部バーチャルプロジェクトという、自分のクローンではないですけど、VRなどのバーチャルを使って、自分のコンテンツを伝えていきたいと思っています。これが実現すれば、いつでもどこでも岡部の知識が手に入ります。

もちろん自分にとっての挑戦ではありますが、日本と世界の人たちの夢を叶えるために、成功させなくてはいけない挑戦だとも思っています。

この本も、僕の知識を広く多くの人に伝えたい、その想いがあって作りました。ドリブルのロジックや、指導してきた子どもたちから多く寄せられた悩みを実践付きで紹介しています。

僕は、幼少の頃から体が小さくて足も速くありませんでした。それを補えたのはロジックがあったからです。上手くなるためには、考えることも大切です。何をするのかを考えて行動に移す。それにはチャレンジをしなければ始まりません。

この本を読んで、みんなが勇気を出して一歩を踏み出す。みんながチャレンジすることの手助けになれば嬉しいです。

ドリブルデザイナー　**岡部将和**

イントロダクション

抜ける原理と抜くための技術

感覚的にとらわれがちなドリブルを論理的に考える。これこそが上達のカギとなります。なぜなら、理論が頭にあることでディフェンダーとの勝負に自信を持って挑めるからです。どんなに強敵でも怖がらずにチャレンジする心を持てます。

絶対に抜けるドリブルは、抜ける原理となるロジックと、抜くための技術であるテクニックの2つがあることで成立します。抜くための原理を知らないと、どんなに技術があっても必ず抜けるとは断言できません。キモとなるのはロジックです。技術力アップも大事ですが、技術を生かすのはロジックだということを覚えておきましょう。

目次

PART 2

PART 3

PART 4

STAFF

撮影	高橋賢勇
イラスト	庄司 猛
カバーデザイン	山之口正和（OKIKATA）
本文デザイン	三國創市（多聞堂）
編集・執筆協力	城所大輔（多聞堂）
校正	鷗来堂
編集担当	大澤政紀（KADOKAWA）

PART 1

絶対に抜けるドリブル理論

距離

LOGIC 01

ディフェンスとの距離を正確に測ろう

ディフェンスとの距離間を知ることが最重要ポイント。

ディフェンスが精一杯足を投げ出してもギリギリ届かない距離！

経験を積み重ねて距離感をマスターする

絶対に抜けるドリブル理論でカギとなる相手との「距離」。ディフェンスからボールを奪われないためにも、距離を測らなければいけません。目安としては、ディフェンスが精一杯足を投げ出しても、ギリギリ届かない距離になります。この距離をボールを持ちながら維持し続けることをまずは意識しておきましょう。

ディフェンスとの距離を測ると言っても、最初からできるものではありません。何度も経験をして失敗し試行錯誤していく。何度もトライをして経験を積み重ねてマスターしましょう。

Check!

足が届く距離には入らない

ディフェンスの足がボールに届く距離に入ると、ボールを触られ奪われてしまう

距離

LOGIC 02

相手に奪われない距離は半円にして考える

ディフェンスとの距離を保つのって難しい。何をイメージすると分かりやすいのだろう？

直線的な距離ではなく円を描いて距離をとろう！

どんな角度になっても距離を保つポイント

ディフェンスが足を目一杯投げ出しても、届かない距離を保つことが相手と対するときに重要なことは前ページで説明しました。この距離は、どんな角度になっても保っておくことがセオリーです。イメージとしては、自分とディフェンス、そしてゴール（目的）を結んだ線から半円を描くようにします。角度は、絶対に抜ける理論で距離とともになくてはならないものです。詳しくは20ページから解説しますが、どの角度にいるのか、進むのかで、ディフェンスを抜ける抜けないが決まってくるのです。

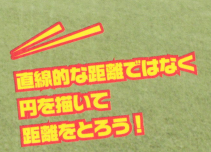

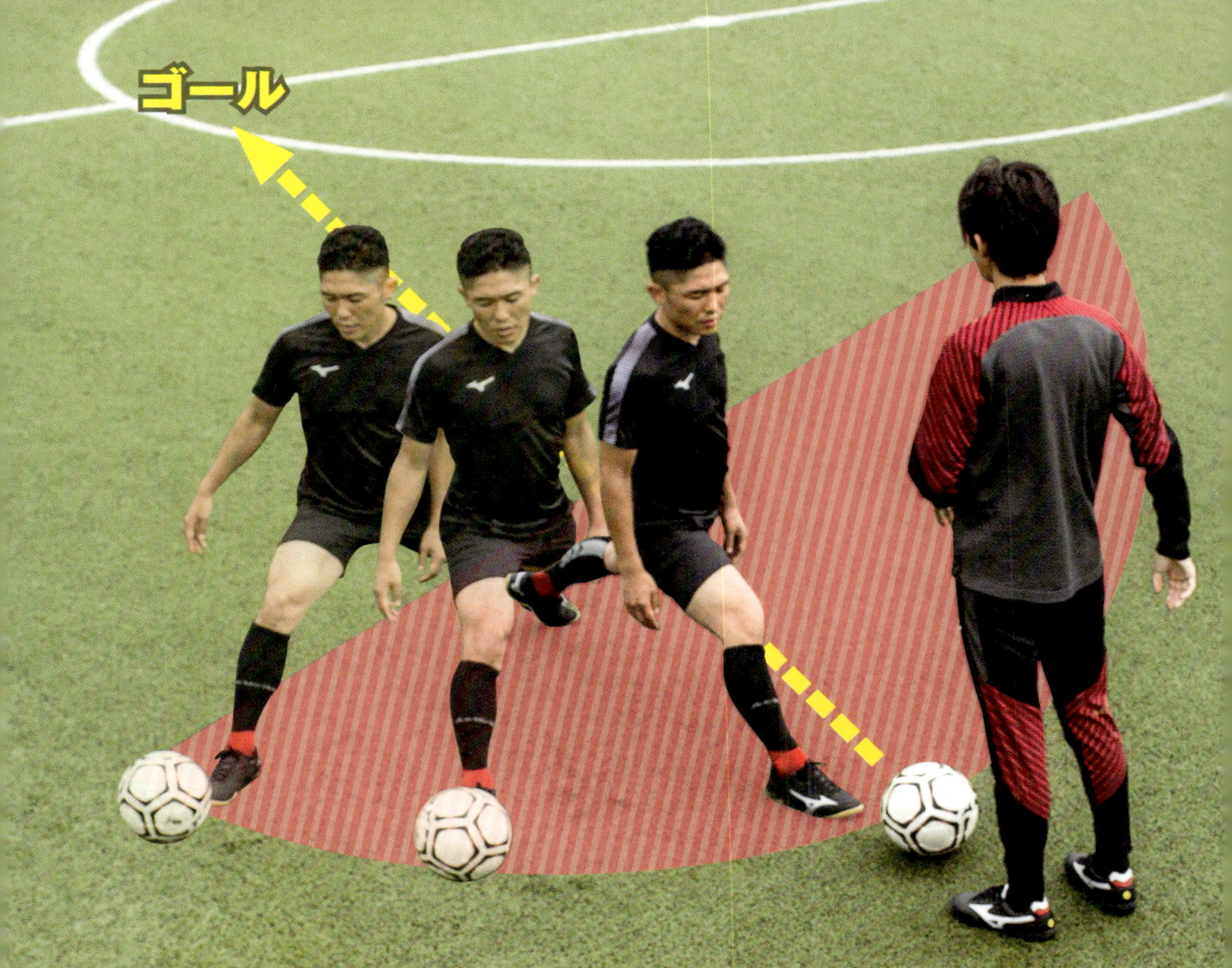

ディフェンスを抜くときは、相手の足が届かない距離にボールを運びながらドリブルすることを意識しておこう

Check!

直線的に進んではいけない

直線的に抜こうとすると、ディフェンスとの距離が近くなり、ディフェンスの足にボールが引っかかりやすくなる

距離

LOGIC 03

ディフェンスの足が届く距離から外れる

ボールをどのコースに運べば良いのか
ドリブル中はいつも感じておきたいね。

ボールを運ぶ
コースを
間違えなければ、
あっさり
抜けるよ！
やっぱり！
ディフェンスの
間合いから
抜け出せないと
かわせないや！

ボールを運ぶコースを計算しておこう

ディフェンスの対応の仕方によって距離は常に変化します。その中でボールを奪われずに最終的に抜くためには、ディフェンスの足が届く距離にボールを運び入れないことです。上の写真のようにボールを運ぶ位置を計算しながらドリブルする必要があります。OKのプレーはディフェンスの足がギリギリ届かないコースにボールを運んでいます。ディフェンスの足がグンと伸びない限り確実に抜けるでしょう。NGはボールを運ぶコースがディフェンスに近すぎるので、簡単にカットされてしまっています。

角度

LOGIC 04

角度を使ってディフェンスを抜く

ディフェンスを抜くなら真正面から挑めばいいじゃん。本当にそうだろうか。

絶対に「勝てる」と確信できる角度で勝負しよう！

Check!

純粋にスピードで勝てる角度を知る

「ヨーイドン!」でスタートして、単純に足の速さだけで勝てる角度を知ることが大事。ドリブルで抜くためには、まずはこの「勝てる角度」を見つけることから始めよう

勝てる角度を見つけ出すことが重要

ドリブルにおいて「角度」とはディフェンスを抜くためのものです。目標であるゴールがディフェンスの後方にあるとして、何度の位置にいればディフェンスを抜くことができるかの指針にすることが可能です。主に180度、135度、90度を目安にしますが、どの角度にいれば抜けるのかを知っておく必要があるのです。この角度の詳細は次ページで説明しますが、自分の足の速さやディフェンスの足の速さの関係によっても変わります。その中で「勝てる角度」を見つけ出すことがとても重要になってきます。

角度

LOGIC 05

守備ができるかどうか。角度は指針になる

ゴールへの角度を小さくしていくこと。これが突破の最重要ポイントだ。

Check!

ディフェンスのスピードによって角度調整する

僕は、スピードで勝負できる自信があるなと思ったら、135度の角度でも勝負に行くことがある。ディフェンスの足の速さ、反応の速さによっていつも調整しているよ

90度の角度は守備が成立していない

具体的にどの角度にいけば確実にディフェンスを抜くことができるのだろうか。左ページで説明している通り、角度によってディフェンスが守備できるかどうかがはっきり決まってきます。180度は、ディフェンスからすればボールホルダーをマークするうえでの基本ポジションです。逆に90度はディフェンスとしては、してはいけないポジショニングで守備が成立していません。縦に「ヨーイドン」でスタートすれば確実に突破できます。この角度に忍び込むために、ディフェンスと駆け引きをしていくのです。

ゴール
90度
「ヨーイドン」で
ディフェンスを
振り切れる角度
135度
オフェンスは
自信があれば
勝負に行く角度
180度
ディフェンス側の基本位置
（ゴールとディフェンス、オフェンス
が一直線のポジション）

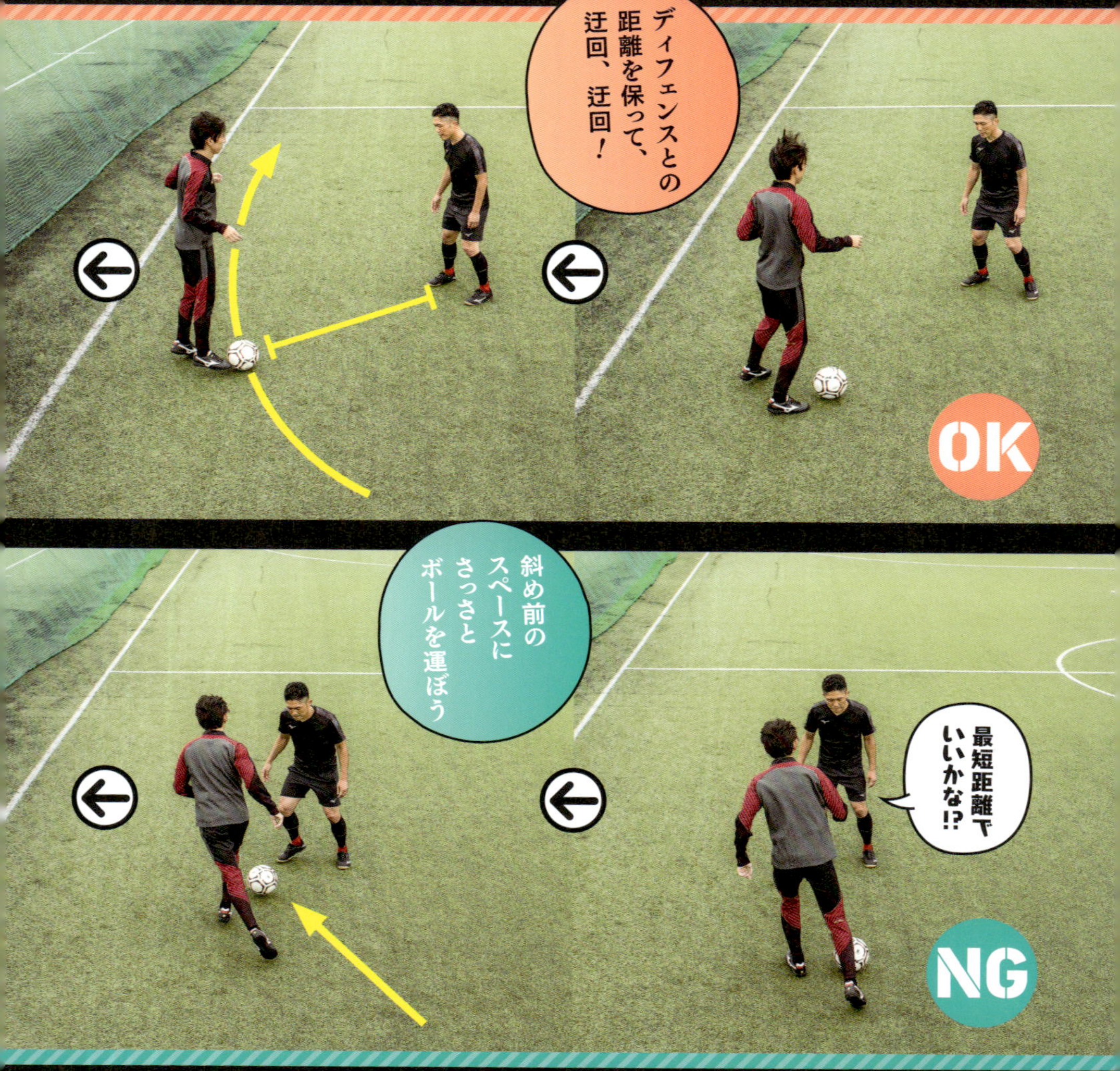

角度
LOGIC
06

円状に迂回するようにボールを運ぶ

絶対勝てる角度に入るのにスピードはいらない。
大事なのは距離を保ち続けることだ。

抜けると確信できる 90度の角度に侵入する

ディフェンスと180度の角度で1対1を迎えたら、勝てる角度に入ることを考えます。一般的には、最短距離となる斜め前にボールを運ぶ進路を選ぶのではないでしょうか。しかし、これではディフェンスの足が届く距離（間合い）に侵入することになってしまいます。ボールを奪われる確率が上がってしまいますよね。そこで、円状にボールを運んでみてください。距離を保ちながら、90度の角度まで進むことができます。僕のドリブルはすべてこのロジックをベースにしているから絶対に抜けるのです。

縦ドリブル

LOGIC 07

ドリブル突破は縦ありき

より早くゴールに近づくためにも最速ドリブルが一番。

Check!

まずは縦ドリブルを磨く

縦ドリブルを磨いておけば、カットインはいつでもできる。ディフェンスに縦を意識させることがまずは大事

ゴールにトップスピードで近づけるのが縦ドリブル！

ディフェンスが後ろ重心になる

ディフェンスを抜く方法の中でも、ベースと考えているのが「縦ドリブル」です。なぜなら、縦に突破するドリブルが、より早くゴールに近づけるからです。トップスピードを出せるドリブルとも言えるでしょう。

トップスピードでボールを運べれば抜くのに時間がかからず、試合でチャンスを作り出す可能性も高まります。また、「縦ドリブルがある」と警戒させれば、それを用心するため攻撃的な守備ができなくなり、後ろ重心になります。縦ドリブルを持つ選手は、相手にとって脅威となります。

縦ドリブル
LOGIC 08

縦ドリブルを持てば駆け引きで優位に立てる

対峙するディフェンスに、手も足も出ないと思わせる。完全勝利のカギは縦への圧力だ。

ディフェンスを戸惑わせる縦への圧力

前にも説明しましたが、ディフェンスと対峙したときに、常に意識するのは「距離」を保つことです。ディフェンスの足が届かない距離を保ちながらボールを運び、勝負できる角度に侵入していきます。ディフェンスからすれば、縦への警戒を強め後退するため、簡単には前に出てこられません。加えてカットインへの道を塞ぐことも考えなければならないため、ポジショニングが曖昧になります。こうなってしまえば、こちらのものです。ディフェンスとの駆け引きで優位に立てれば、怖いものなしです。

縦ドリブル

LOGIC 09

角度を作るのに効果的な足さばき

ディフェンスがボーッとしている間に、
勝てる角度に侵入しちゃえば勝負あり！

3
4
足裏ロールで、
大きく横移動！
反応できない
でしょ！
7
8
スピード
勝負じゃ
負けないよ！

足裏ロールと同時に体も大きく横移動する

ディフェンスを抜くには、ゴールへの角度の数値を小さくするために、距離をとりながらボールを運ぶことがポイントだと説明してきました。「ヨーイドン」で飛び出せる90度の角度にどのように忍び込むのか。そのためのおすすめのテクニックを紹介します。これができるようになれば、一瞬で勝負できるエリアに行くことができます。やり方は、足裏で斜めにズラすようにボールを運び、同時に体も大きく横移動させていきます。これでツータッチ目には勝てる角度に侵入できてしまうのです。

カットイン

LOGIC 10

縦があるから カットインができる

中に持ち込んで「ドン」。カットインからのシュートを自分のものにしたい。何をすればいいのだろうか。

縦ドリブルを極めれば カットインはひらける

「自分はカットインが得意だから、カットインを磨きたい！」こんな質問をいただくことがありますが、カットインが生きるのは、縦ドリブルがあるからということを覚えておいてください。カットインだけを磨いてもディフェンスにとっては怖い選手とは思いません。ディフェンスが脅威と思ってより警戒するドリブルは縦一閃《いっせん》なのです。「縦があるから中がある」をセオリーとして持つことを強くおすすめします。まずは、縦ドリブルを極める。そうすれば、自ずとカットインはひらけてきます。

Check!

カットインだけならディフェンスはしやすい

カットインしかないとディフェンスにバレてしまうと、守備はとても簡単になる。サイドステップだけで守ることができてしまうからだ

ディフェンスが
縦を警戒するから

カットインが
成功する！

カットイン

LOGIC 11

ディフェンスの重心を後ろ向きにすることが前提

カットインでディフェンスを抜くためには、どういう状況を作ればいいのだろうか。

カットインのコースを作るためには縦へのフリでも効果はある！

Check!

基本姿勢が崩れなければ抜けない

ディフェンスの重心が下がらず基本姿勢が後ろ向きに崩れなければ、カットインが成功する確率は下がる。縦への圧はとても大事だ

縦への警戒が高まると
重心が下がって
足が動かなくなる
ディフェンスの
足が届く範囲が
狭くなる

ディフェンスの基本姿勢を崩す

縦ドリブルはディフェンスを後退させます。ディフェンスの重心を後ろ向きにするのです。ディフェンスの基本姿勢は、前後左右に動けるフラットな姿勢、もしくは多少前傾した姿勢です。この基本姿勢を崩すのが「縦」への圧力になるのです。ディフェンスは姿勢が崩れるとバランスが悪くなり動作が鈍くなります。足が棒立ちになっていたら、確実に突破できます。

ディフェンスの重心が後退すれば、ディフェンスの足が届く範囲がかなり狭くなるので、カットインへの道はがら空きとなるのです。

マークしてくる
ディフェンス
との初対戦！
最初は、
まず縦一閃だ

縦ドリブルが
成功する
しないにしても
ディフェンスには
縦の怖さを
植え付けることに
成功した！

カットイン

LOGIC 12

縦を磨けば中はひらける

1つのものを極めれば、大きな武器になるだけでなく、ドリブルの幅を大きく広げてくれる。

自分史上最速のドリブルを極めよう

「縦を磨けば中はひらける」という言葉通り、試合で最初にドリブルを仕掛けるときは、縦にトップスピードで駆け抜けるドリブルを、第一の選択として考えましょう。ディフェンスは、この一手が試合中、ずっと脳裏に残るはずです。そして、簡単には飛び込めなくなります。つまり、相手との駆け引きですでに優位に立ったことを示すものなのです。そこからは楽しく、自信を持ってディフェンスと対峙することができるでしょう。自分史上最速の縦を極めれば、ドリブルの幅はさらに広がります。

特別 アカデミーレッスン

間合いの取り方って？

ドリブルデザイナーがアカデミー生に限定パーソナルトレーニングを実施。Ｊ下部組織所属のジョウジくんの問題を改善するぞ。

アカデミー生のジョウジくんです！
よろしくお願いします！
じゃあ早速ドリブルチェック！
改善点見つかったよ！
相手との間合いを調整しよう
そう、ギリギリの間合いで
間合いは遠すぎても近すぎても抜けない！
いつもギリギリでプレーするイメージ
相手に合わせるのではなく、
自分がベストのドリブルができれば、どんな相手でも抜ける

ドリブルデザイナー
岡部将和
YouTubeチャンネルで
観てみよう！

※YouTube動画は変更、削除される可能性がございます。ご了承ください。

サッカーは技術
だけじゃないよ

コラム メンタル強化のコツ

Q

親御さんからの質問

辛いこと、できないことがあると やる気がなくなっちゃう

A

お子さんの年齢にもよるのですが、もしかするとサッカーが本当に好きなことではない可能性もあるので、本人がやりたいことかを聞いて話をしたほうが良いと思います。サッカーが大好きならば「頑張れ！キミならできる！」と応援あるのみかなと思います。ちなみに、周りから大きな期待を背負ったドリブルデザイナーの長男は、4歳でサッカーを卒業しました。いまは誰に言われたわけでもないですが、ロボットを作って世界を救うために毎日ずっとパソコンをカチャカチャしています（笑）。子どもが自分らしく生きていくための応援をすることが親の役目だと思っています。

PART 2

みんなの質問に答えるよ!
悩み相談室

Question 01
ドリブルしているときの目線は？

とってもボールが気になるけど、
実際はどこを見ればいいのだろうか。

ディフェンスを
見れば
いいのかな？

ディフェンスに奪われたくないしな〜

前にいるディフェンスが気になる。だけど、ドリブルでミスをしたくないからボールも見なくちゃいけない。周りの状況もある。じゃあ、どこを見てドリブルすればいいのだろう……。

ボールを奪われてはいけないから、やっぱりディフェンスの動きを注視したくなる。足を出してきたり、向かってきたり、しっかり対応するためにも、やっぱりディフェンスに目線を合わせるのが正解なのかな？

顔を上げて目の高さを上げる
ビブスの代わりにハチマキを使って目線を上げよう！

味方を視野に入れればパスも！

ボールだけ見てはダメだよ!

ボールだけ、ディフェンスだけを見るのはNG。顔を下げてしまうとドリブル突破は成功しない

Answer まずはゴールを視野に！

ハチマキをつけて練習！

ドリブルのときの目線はとっても難しいよね。結論から言うと「ゴール」です。僕はゴールしか見てないです。自分の間合いであれば、判断を間違えない限りディフェンスは抜けるので、ディフェンスを見る必要はないと思っています。目指すゴールを見ながらボヤッと間接視野でディフェンスを含めた周辺を見ます。ゴールを見るには顔を上げて目の高さを変えることが必要です。目線を上げるには、ハチマキを使った練習が有効です。

Question 02

相手のアクションを見てから抜く？ それとも……

**ディフェンスがどんな動きをしてくるのか。
考えるだけで疲れちゃう。**

何をしてくるのだろう？ じっくり観察するのでいいんだよね？
シーーーン

ディフェンスの動きに合わせるのは違うの？

ディフェンスを抜くときは、やっぱり相手の重心だとか、体重がどちらにかかっているかなど、ディフェンスの状況を確認するものですよね？ えっ！ 違うんですか。ディフェンスの動きを見てから抜く方向を決めたり、その逆をとるのだと思っていた……。

それでは、実際はどんなことを気にしながらドリブルしているのだろうか。「コーチのドリブルを見ていると、いつも相手の逆をとるけどどうしているの？」

Answer

相手に合わせない！ 抜ける場所までボールを運ぼう

ディフェンスの動きに合わせることはないです。ディフェンスがどんなに最高の対応をしてきても、抜ける場所までドリブルでボールを運んでいきます。アクションドリブルと言って、自分で仕掛けていき、自分の意思でディフェンスを誘導できるように心がけています。ディフェンスがまったく誘いに乗らなくても、アクションドリブルを磨いておくことが大事ですね。相手より先に自分から動いて主導権を握りましょう。

Question 03

ボールと自分との距離が広がってしまうんです

**大事に、大事にしているはずなのに、
ボールがどんどん離れちゃう。**

やべ！強く蹴りすぎた
コロコロ…

抜くためには強くタッチしないと!?

ディフェンスを抜くときの大事なタッチが、いつも大きくなっちゃう。ボールと自分との距離が広がってしまう。

　ディフェンスを抜かないと、と思って少し強めにボールを蹴っているんだけど、そうすると、抜いたあとにシュートまで持っていけない。ひどいときは、数メートル先にボールが飛んでいっちゃう。だからと言ってタッチを弱くするとディフェンスを抜くことができない。ん〜難しい……。

ボールタッチの方法を変えてみて！

Answer

ボールは蹴るものではなく押し出すものなんだ！

ボールを強く蹴ったら遠くにいってしまうのは当たり前だよね。ディフェンスを抜くためには、ボールを前に送らないといけないけど「蹴る」タッチだとどうしても強さや距離間を調整するのは難しい。そこでボールは「蹴る」のではなく「押し出す」ものだと考えよう。押し出すようにタッチすれば自分で強さを調整できるし、コントロールもしやすい。あとは軸足リードを覚えてほしいな。詳しくは57ページで説明しているよ。

Question 04
どんなタッチで押し出すのがおすすめですか？

ボール扱いが上手い選手は繊細さを持っているよね。

ぎこちなく
ならない
タッチって
何だろう？

インサイドで押してみたらしっくりこない

ドリブルではボールを蹴るのではなく押し出すのが正解。実際に押し出すタッチをしてみたけれど、結構難しい。

ボールを押すことだけを意識すると、体がすごくぎこちなくなるのが分かる。インステップだとはるか遠くにボールが飛んで行っちゃうし、インサイドだと巻き込んじゃうのでスムーズにボールが進まない。「どんなタッチでどこを使えばいいのか、岡部コーチ、教えて！」

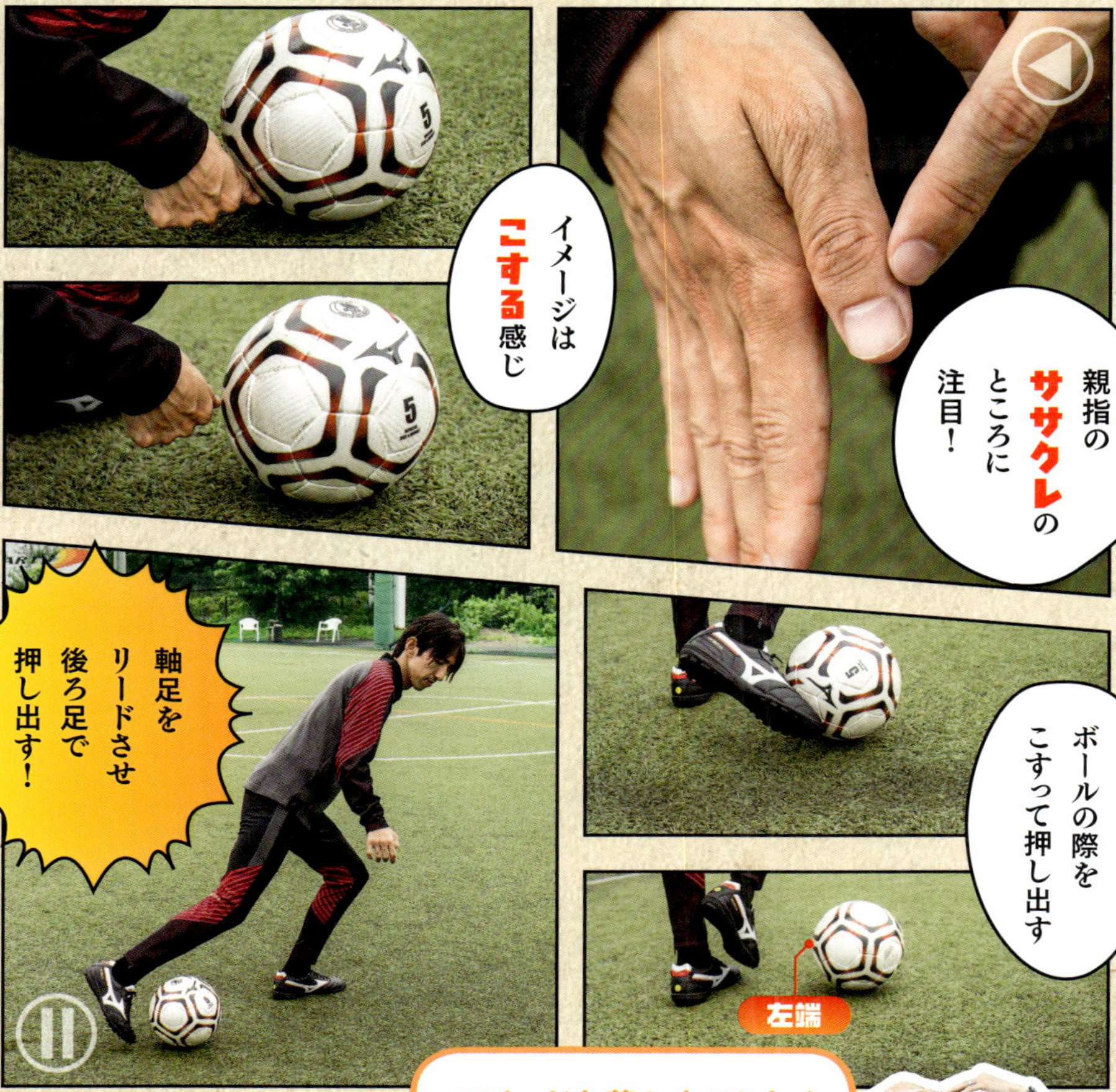
親指のササクレのところに注目！
イメージはこする感じ
ボールの際をこすって押し出す
左端
軸足をリードさせ後ろ足で押し出す！

スピードを落とすことなく
ドリブルができるよ！

Answer
軸足リードしながら ササクレタッチがベスト！

僕がおすすめするボールタッチは「ササクレタッチ」です。足の親指の爪のつけ根、ササクレができるあたりでタッチをします。右足でタッチする場合は、ボールの左端のギリギリのところをササクレ部分で押し出していきます。足のどの部分か、まずはイメージするためにミートポイントを触って感触をつかんでみてください。ササクレタッチは、スピード（スプリント）を落とさずにタッチができる僕の伝家の宝刀です。

どんなタッチで押し出すのがおすすめですか？ Question 04

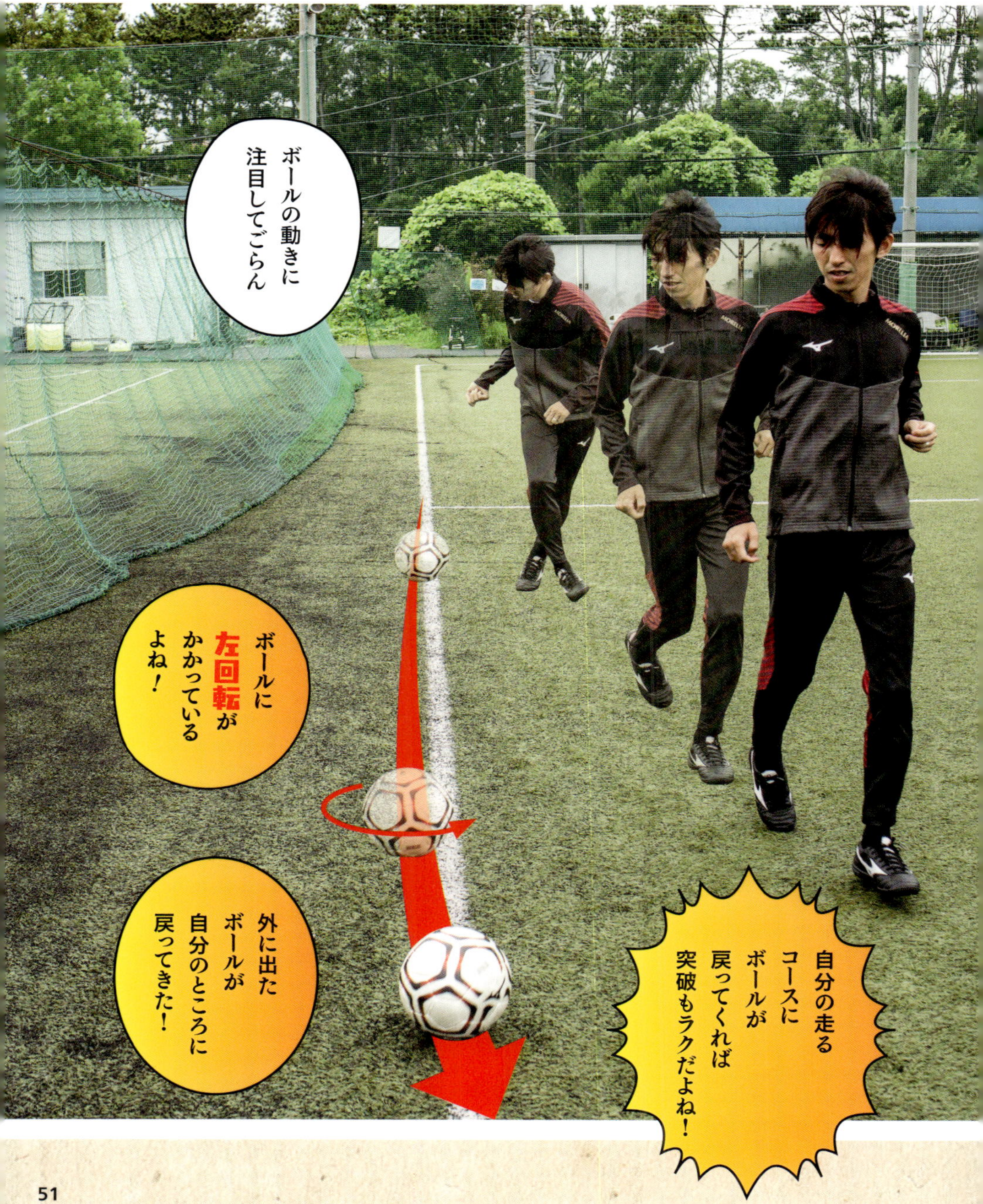
ボールの動きに
注目してごらん
ボールに
左回転が
かかっている
よね！
外に出た
ボールが
自分のところに
戻ってきた！
自分の走る
コースに
ボールが
戻ってくれば
突破もラクだよね！

Question 05
ボールが遠くに行っちゃうよぅ～

ボールを前に出すのがドリブル。それだけではないのかも。

ドリブルスピードは出るけどボールを奪われるリスクもあるね！
ポーーーーン

ドリブルの仕方は1つだけではない

前にあるフリースペースにいち早くボールを運ぶようなときは、ボールの後ろに軸足がある「軸足バック」のドリブルをしている。ドリブルスピードは上がるが、ディフェンスの足が届くエリアに入ってしまうと、ボールを奪われてしまうリスクはとても高くなる。

ドリブルスピードは上げたいがボールを失いたくはない。そんなときは、軸足リードのドリブルを覚えると良いだろう。さて、どんな効果があるのだろうか。

ボールに対して
軸足が先導するのが
軸足リード
ボールより
半歩前に
軸足を出して
進む
軸足

軸足リードとササクレタッチが加速のポイント！

Answer 軸足リードのドリブルを絶対覚えよう！

軸足リードは、いつでも勝負できる状態を作り出すドリブルです。ディフェンスと駆け引きをしているときは、軸足リードにすべきです。ですので、1対1のときは、軸足リードでボールを運んでディフェンスとの間合いに運び、勝てる角度に入ってスプリントをした後は軸足バックのドリブルでスピードを出していきます。軸足リードの形から49ページで説明したササクレタッチを繰り出せば「ヨーイドン」では負けません。

Question 06

体がカチコチ！柔らかいタッチのコツは？

足に吸い付くような柔軟なボールタッチ。憧れるな〜。

足でボールを優しく扱うほどかたくなっちゃう

周りのチームメイトに「ボールタッチかたいよね〜」、「なんか、すごく力んでない？」などと言われてしまう。単純に体の柔軟性がないとかではなく、ボールを扱おうとすると柔らかいタッチにならない。ドリブルでスピードを上げようとすると、すぐ足下から離れちゃうし……。ボールタッチの練習を繰り返せば、柔らかいボールタッチができるのだろうか。「コーチ！なにかコツはありますか？」

ドリブルは上半身でするものだよ！

Answer

カチコチなら、まずは上半身の力を抜こう！

ボールタッチは柔らかくしたいよね。結構みんな勘違いしているのは、足下の柔軟性があればボールタッチが柔らかくなると思っているんだけど、力みの原因は上半身にあります。上半身に無駄な力が入っていることをまずは疑ってみよう。力を抜いてプレーするためには、練習を始める前に、上半身をゆるゆるにする体操をしてごらん。そして力が抜けたところで、ボールタッチの練習を開始しよう。リラックスすることって大事だよ。

Question 07
“間合い”ってどう作ればいいんでしょう？

ディフェンスのプレッシャーに押し負けそう。どうしよう。

自分の間合いになったら、何でもできるね

ディフェンスの間合いにしたくない

「このディフェンスは強敵だ！」簡単には突破できそうにないディフェンスの攻略はとても難しい。逆にプレッシャーをかけられて、ディフェンスの間合いになってしまう。ボールを奪われそうになるからパスを選択するしかなさそうだけど、岡部コーチはこんな場面のときはどうするの？「自分の間合いにするための方法を教えて！」

Answer 縦に抜く印象を与えるために圧を出すんだ！

ディフェンスに
怖さを感じさせよう！
軸足リードで縦のオーラ！これでどうだ!!
相手に圧を出すぞ〜

ディフェンスに「縦に抜かれる」という印象を強く見せることが大事。自分の圧でディフェンスは勝手に後ろに下がってくれます。圧には、縦への圧力とシュートの圧力などがあり、最初の対戦のときは、圧を見せるために実際に突破やシュートをしてみてください。相手の脳裏に残るので、次からの対戦が楽になる。圧を出すときは、軸足リードで軸足を大きく前に出しつつ、ボディアクションを組み合わせるとリアルな動作になります。

Question 08
イニエスタのように懐のふか〜いドリブルがしたい!!

ボールを取られない最強キープ術が知りたい。

強敵相手に
キープし続けられる
気がしな〜い

あのキープ力はもしかして魔法!?

イニエスタって、体は小さいのに、なんであんなにボールキープ力があるの? 身長171㎝しかないのに、190㎝のリーチの長い相手に対しても、まったくボールを取られない。なにかの魔法を使ってるのかとも思っちゃう。テクニックが高いのは分かるのだけど、それだけであれだけのキープ力は出せない。何というか、懐がふかいというか。イニエスタのようなボールの持ち方を身につけるには何かコツがあるのだろうか。

○
胸をクッと伸ばして、骨盤から蹴り足を後ろに下げる
軸足リードでボールを持つ
足のつけ根に空間を作る＝懐のふかい持ち方
×

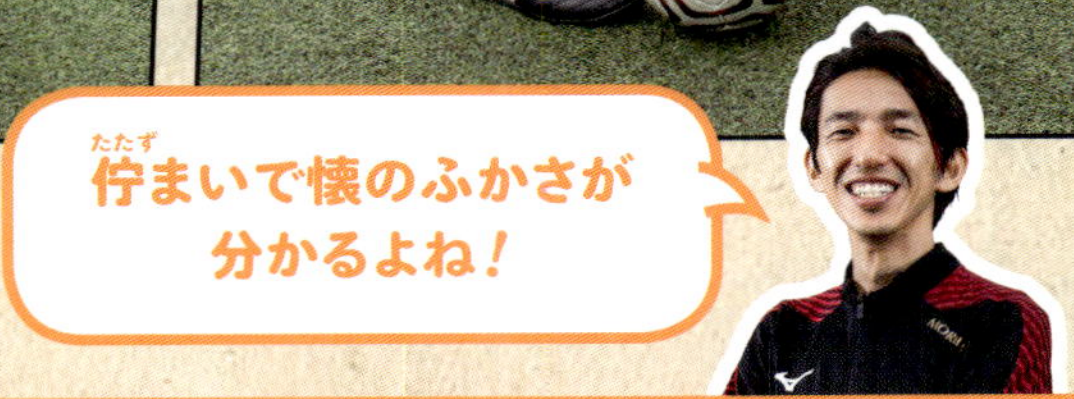
佇《たたず》まいで懐のふかさが分かるよね!

Answer
アゴを引いて背中に芯を通すイメージを作ってみよう

ボールの持ち方を工夫することで懐はふかくなります。アゴを引いて首の後ろが長くなるように保ちます。背中に芯が通るようなイメージで胸を起こします。腹筋を締めて骨盤を入れつつ蹴り足を後ろに下げる。頭の真下よりも後ろでボールを扱うように、軸足リードでキープします。懐のない人は、軸足バックになっている人がほとんどで、相手に体を入れられてしまうと何もできなくなってしまうので注意しましょう。

Question 09
ヒールリフトでカッコよく抜きたい！

試合中に成功したらヒーローだよね。成功率を高めたいな。

ボールを挟んでジャンプ。これじゃあ、上手く上がらない!?
ヘロヘロ…

目標はネイマールのヒールリフト！

タッチライン際での1対1をネイマールがヒールリフトで突破。大きな歓声とともに突破する姿はやっぱりカッコいい。あんなプレーができるようになりたい！ヒールリフトっていくつか種類があるけど、どのやり方が一番抜きやすいのだろうか。それと、自分でやると、あんなに高くボールを上げられない。しかも前に運ぶなんてとんでもない。やっぱり、筋トレして筋力つけないとできないのかな……。

Answer

サンドリフトがおすすめ！前に出して戻して挟んで上げる！

ヒールリフトも色々あるけど、僕のおすすめはサンドリフト。ネイマールもサンドリフトを使っています。ポイントは「ボールを挟んでからジャンプ」ではなく「ジャンプしている途中でボールを挟む」こと。ジャンプの勢いを使うことで上手くボールが上がります。遠心力というか、ジェットコースターがクルッと回る、あの感じのイメージですね。筋力を使わず、反動を使えば、きっと成功しますよ。

ヒールリフトでカッコよく抜きたい！ Question 09

3
寄ってきたら
カウンター
発動！

4
ボールを
戻した反動で
ジャンプ。
途中で
ボールを
サンド！

7
抜かれた
ディフェンスは
だいぶ悔しい〜

8

Question 10

「空踏み」ってどんなステップ？

一瞬でディフェンスを抜きたい。魔法のようなステップを教えて。

着地の反動を使って……
横に大きくステップを踏んでいく

Answer

体とボールを横に大きく運ぶためにするステップ

一瞬で相手を抜き去るメッシのテクニック

ドリブルのステップの中でもディフェンスをかわす瞬間でのステップワークはとても難しい。ディフェンスを抜くためにボディフェイクを入れたり、ボールをまたぐシザースをしたり、ボールを動かしたり……。逆をついてかわすために試行錯誤しているが、どうしても確実に抜くことができない。メッシのように一瞬で相手を抜き去るためのステップテクニック。何か良い方法はあるのだろうか。

上に飛ぶようにステップを踏む

空踏みとは、横に大きく移動するための、ボールにタッチする前のステップです。その場でステップを踏むためにジャンプし、着地した瞬間にその反動を使ってボールをタッチしながら、横にステップを踏んでいきます。最初は、体全体を使いできるだけ大きく動きましょう。慣れてきたら次ページで紹介しているメッシの空踏みのように、小さい動きで大きなパワーを生み出せるようになると最高です。繰り返しますが、最初は大きく動こうね！

「空踏み」ってどんなステップ？ Question 10

空踏みなしのステップ

メッシの空踏みステップ

Question 11

中盤でスゥ～ッとボールを運びたい！

ボールを失いたくない。安全にボールを運びたいなぁ～。

ディフェンスを外せる運ぶドリブル

ディフェンスを突破しゴールに向けて仕掛けるドリブルではないけれど、中盤のエリアなどでボールを運びながらゲームをコントロールしたい。ただし、ディフェンスにマークに付かれて自由にはならない。そんな状況はよくあるシチュエーションだ。

いわゆる「運ぶドリブル」になるが、ディフェンスがいる中でも、外しながらボールを運ぶにはどんなドリブルが使えるのだろう。

かる〜くいなして
サラッとかわしちゃおう!

Answer ディフェンスを近寄らせない距離を大事にね。

距離をとれば奪われることはないね。

1

2

3

ディフェンスに真正面からマークを受けたときに、このまま距離を詰められたらプレッシャーを感じて余裕がなくなっちゃう。やっぱり、ディフェンスとの距離をとることが大前提になります。ディフェンスを近寄らせないためには、ドリブルに前後左右の変化をつけると効果的。その場に留まらずに、緩急をつけながらボールを動かしてかわしていきましょう。ブラジル代表のアルトゥールを参考にしてみて!

Question 12
身につけたい ボランチのドリブルは？

抜かないけど相手をかわせるテクニックがほしい。

普通のカットインだと引っかかるよ～
ここでボールを奪われたら、マジ、ヤバい！
ビシッ

ディフェンスを1人でもかわしたい

ポジションや試合でのボールの状況（流れ）を見てドリブルを使い分けなさいとよく言われる。ディフェンスラインでボールを回しているときに、無謀なドリブル突破はリスクがあるので危険。中盤のボランチのポジションでも、同じようなことを言われる。でも、ディフェンスを1人かわしてから展開するなどのシーンは出てくる。そんなときに、身につけておくと良いおすすめのドリブルテクニックはあるのだろうか？

幅の出せる
ドリブル
テクニック！
空踏みで
地面をタップ
大きく横に
移動できる

地面をタップして
大きく動こう！

Answer
タイミングズラしの
タップカットイン

ボランチならボールを失わないことが重要だよね。ディフェンスの足に引っかからないようにするためにも、タップカットインは身につけておきましょう。普通のカットインだと、ボールを動かす幅を広くすることができないけど、タップカットインは、ステップでボール近くの地面を１度タップするから、次のステップを大きくできる。しかもボールを遠くに押し出すこともできます。このテクニックでだいぶ相手を引き離せるよ！

Question 13

キックフェイントが決まらない……

ゴール前のプレーは大胆かつ冷静に行わなければいけない。

懸命にゴールを守る相手をかわしたい

フォワードならゴール前での1対1を制してゴールを決めたい。ゴールキーパーにセーブされないところにシュートを打つが、その前に抜かないといけない相手がいる。ゴール前に陣取るディフェンダーは、ゴールを守るために懸命に守備をする。体を投げ出すことも。そんな相手をかわすためにキックフェイントを繰り出すがぜんぜん決まらない。いったい何がいけないのか。「コーチ！方法はありますか？」

足裏でボールを運ぶのがポイント！
キックフェイントでディフェンスをかわしにいく
この足で次のステップが踏めるからスピードに乗れるんだ

ボールを蹴ってはダメ！
足裏でコントロール

Answer 足裏で転がして切り返すと効果的！

キックフェイントで、ボールを蹴って角度を変えてしまうとボールを運ぶコースのコントロールがズレやすいという問題が出ます。そこで、足裏でボールの上をタッチして転がすキックフェイントがおすすめです。こうすることで、ボールが通るコースを確実にコントロールできます。このキックフェイントの利点はもう1つあって、タッチした足が次のステップの第一歩になる。蹴るタッチだと一度地面に着地するため足の運びに無駄が出るんだ。

Question 14
スピードを上げても ミスなくドリブルしたい

トップスピードでブッちぎりだ〜。 あれ、 ボールどっか行っちゃった。

スピードを出すと、自分の中でコントロールできない
ボールがどこかに行っちゃう!!

トップスピードでも抜けるタッチとは

前にスペースがあったので、最高速のドリブルで進み、少し遠めにいるディフェンスとの距離を見ながらボールを運んでいる。このようにスピードに乗ったドリブルをするシーンは多い。

スピードに乗ったはいいけど、ディフェンスが近寄ってきたので、フェイントでかわす必要が出てきた。だけど、そんな急にボールの進行角度は変えられない。「コーチ。トップスピードのドリブルで有効なタッチを教えてください！」

Answer

両足ドリブルを習得しよう！

右、左、右、左と左右交互に触ってみよう！

トップスピードでのドリブルは、軸足バックのドリブルですね。おすすめは両足ドリブルです。ボールタッチを「右、左、右、左」と交互に行います。こうすれば、いつでもドリブルコースの変化に対応できます。そして、もう1つ。通常の片足だけのドリブルは、拍（リズム）が分かりやすいです。「トーン、トーン、トーン」。両足ドリブルにすると「トントントントン」と拍を合わせづらくなる。いつ進行方向を変えるのか、相手はとても悩みますよ。

Question 15

スピードアップしたら どう切り返そう？

勢いに乗ったら、そんな急には止まれない、切り返せない。

ドーーーン
コース、完全に塞がれているじゃん!!

絶対に抜ける切り返しってある？

トップスピードでサイドを突破して、ゴール前にセンタリングを上げるシチュエーション。よくある場面だけど、このとき、ディフェンスの足が速いというのも加わって、センタリングを上げるコースを埋められてしまう。こんなときは切り返しをして、カットインするとディフェンスをかわせると思うんだけど、どんな切り返しをすれば、確実に抜けることができるのだろうか。

スピードに乗ったときの切り返しはこれ！

Answer 軸足で相手の逆をとるワンビートで！

スピードに乗ったときの切り返しで、とっても効果的な「ワンビート」。ワンビートは切り返しのタイミングが、ディフェンスには分かりづらいというメリットがあります。ディフェンスの重心が縦方向にあるので、急にカットインすると、まったく反応できません。ジャンプしながら足を交差させるように外足でボールを弾きます。ディフェンスの対応状況によって、切り返すボールの方向を真横か斜め後ろにするかは、瞬時に調整しましょう。

Question 16

アウトサイドタッチでのカットインが決まりません！

軸足バックのドリブルはスピードも出るけど止まれない。

4
うっ！切り返しがふかい……

切り返しって難しいなぁ〜

スピードドリブルからのカットインで切り返すのって、ボールの勢いを抑えられないから、ボールが前に行っちゃったり、切り返しにならずにディフェンスに突っ込んじゃう。やっぱり軸足バックのドリブルってボールを扱うのがホント難しい。

スピードに乗ってもしっかりカットインができるコツ。「アウトサイドタッチを使ったコーチおすすめの切り返し方法を教えて！」

Answer 左足の前にボールをおくこと！

アウトサイドスナップの切り返しってスピードが乗るとたしかに難しいよね。まずは、しっかりアウトサイドスナップでボールを扱えるかを確認しましょう。スピードはなくても良いです。アウトサークルのトレーニングがおすすめですね。それを練習してタッチを覚える。次はボールを運ぶ位置の調整。ドリブルのときに左足の前にボールを運びます。こうすることでタッチの角度がふかくなり、鋭角に切り返すことができるようになりますよ。

Question 17
ファウルになるから手は使っちゃいけない!?

サッカーで手を使う。ボールを手で扱うのはダメだけどドリブルでは使う?

ディフェンスが
押してきた～
グググ…
何も抵抗して
こないから
押し切っちゃえ

ドリブルが上手い選手＝手の使い方が上手？

「サッカーは足でやるスポーツ！」だから、手を使うなんて考えたことがない。ルール的に手を使うとファウルだと思ったけど、プロサッカー選手のドリブルを見ていると、手を使いながらディフェンスをおさえたりしている。

　ドリブルが上手い選手、ボールを奪われない選手は、手を使うのが上手だと聞いたこともある。サッカーにおける手の使い方ってどうなんだろう。

「コーチ、教えて」

押し手でおさえつつ反動を使って抜いちゃおう！

Answer
むしろ使おう！使い方にコツがある

ドリブルでの手の使い方はとっても大切です。このような場面になったとき、ディフェンスはボールと自分の間に体を入れて奪おうとします。それを阻止するためには、手と腕を使ってガードする必要があるのです。自分の懐に入れないように押し手を使いましょう。ポイントは、胸もしくは太ももからヒザに手を当てること。決してつかんではダメですよ。それはファウルです。手の使い方はもう1つ。それは次ページで説明します。

Question 18
手の使い方は1つだけじゃないの？

強烈なボディチャージ。真正面から受けるのが正解！ではない気が……。

ディフェンスの圧力をかわせる秘策はある？

体めがけて、ディフェンスが強く当たってきた。まともに受けたら吹っ飛ばされそうなくらいだ。プロの世界では当たり前だが、何もしないで抜かれるよりは、ファウル覚悟で挑んだ方がと思う場合もある。ディフェンスの圧力を真正面から受けるべきか。それとも別に秘策はあるのだろうか。

Answer
ヒラッとかわす 抜き手も覚えよう!

ディフェンスに
触られないようにね!
あれ!?
抜かれたぁ!!
手を
後ろに引いて
ヒラッと

ディフェンスとの真っ向勝負を避けることもテクニックだよ。抜き手と言って、ディフェンスの勢いをころすために手を後ろに引くように、ヒラッとかわすイメージです。できるだけ触られないように。もし触られても、クラゲの触手のように「フニャ」と避けるようにします。写真のように、相手が出してきた左手を後ろへ押し込むようにすれば、ディフェンスの圧から逃げることができます。

Question 19

ただ、またぐだけじゃ誰にも効かないよね！

ディフェンスにとって本当に嫌なシザースは？ タイミングは？

ヨイッショ！あれ反応ない……
バレバレだね～

実戦で使える有効なシザースとは

「ボールをまたぐ」。試合中にも使われるとてもポピュラーなフェイントで、シザースと言われている。C・ロナウドが高速シザースでディフェンスを翻弄する姿はよく見るし、ネイマールやコウチーニョも使っている。シザースは有効なフェイントだと思うのだけど、どんなタイミングで使うのが一番効果的なのかイマイチ分からない。ただボールをまたぐだけでは誰にも効かないし。「どんな場面がおすすめですか？」

Answer

カットインに見せて相手の逆をとる意識で！

シザースは、僕の場合使うと自分の体勢を崩してしまうので、あまり多用しません（笑）。ただ、カットインに見せかけてディフェンスの逆をとるときには使ったりします。ネイマールやコウチーニョとかもそのタイミングですね。シザースは、ディフェンスにカットインをしてくると思わせるととても効果的です。ディフェンスの重心を大きく傾けるために、リアルに行うことがポイントですね。

Question 20

いつやっても カットインが読まれちゃう

ドリブルが読まれている気がする。 僕のカットインは通用しないの!?

あれ？
ディフェンスに
読まれている？
サササッ

動きの問題、それとも
ステップの問題……

右利きで左サイドからのカットインが上手くできるように練習しています。縦への圧を出して、ディフェンスには縦への警戒もさせているつもり。しかし、カットインの動きをディフェンスに合わせられてしまい、ボールをタッチするタイミングでほとんどとられちゃう。これは動きを読まれているのか、それともステップの仕方が悪くて動きが遅いのか。「岡部コーチのように、キレのあるカットインで突破するコツを教えて」

通常のカットインだと相手は反応しない！

Answer 軸足を2回踏んでディフェンスを動かそう！

強敵ディフェンダーだと、縦への圧力があっても動かないこともあるよね。カットインを効かせるポイントは、軸足のステップを2回にして、ディフェンスをより縦に反応させることなんだ。通常では動かないディフェンスも、軸足飛ばしカットインを見せると縦への警戒が高まり重心が後ろに下がる。軸足リードのドリブルから、「イチ」で軸足を踏んでブレーキ。「ニ」の軸足で抜くための次のステップにつなげましょう。

Question 21

キレのあるアウトサイドの背面ターンがしたい！

ターンのキレがあると上手いな〜と思われる。そんな選手になりたい。

もたつかずにキレ良くターンがしたい

ドリブルしているときに背後から来たディフェンスの逆をとってターン。相手のプレッシャーをまったく受けずにプレーできるようになりたい。

テクニックに優れた中盤の選手が見せてくれる背面ターンは、どれもキレが良くて絶対にかわせている。自分がやるとどうしてもターンにもたついてしまい上手くいかない。「コーチ！イニエスタのような背面ターンはどうやるの？」

Answer
1歩目でブレーキ！ 2歩目をアクセルにしよう！

背面ターンのキレ味を出すにはステップが重要です。ターンする最初の1歩目（右足）をブレーキにしてスピードを止める。次に着地をする2歩目はアクセルとして、次に進む方向への踏み出し足にする。それと同時に1歩目に着いた足でボールをタッチし一気にターンしましょう。1歩目の足を着くときは、シューズの外側のエッジですることでしっかりブレーキがかかる。無駄なくステップすれば絶対上手くいくよ！

Question 22
抜いたあとにスピードアップして引き離したい！

足が遅いのかな。瞬発力の問題かな。
ディフェンスがしつこいだけなのかな。

抜いた！
と思ったら
追いつかれた……

シュートまで一気にやり遂げるには

「上手くカットインでディフェンスをかわすことができた！だけど、その後に完全に抜き去ることができない！」こうなると、ディフェンスを抜いてからのシュートは打つことが難しくなる。

　せっかく相手をかわしたと思ったのに、すぐに追いつかれてしまうと、またやり直しだ。何とかして抜いてからシュートまでを一気にやり遂げたい。さてどうしたものか。足を速くするしかないかな……。

Answer

水たまりを飛び越えるように 大股一歩でタッチしよう

カットインで逆をとったら終わりではありません。しつこいディフェンスは必ず次のボール奪取できるチャンスをうかがっています。そのチャンスを与えないためには突き放すしかありません。そこでおすすめするのが「水たまりタッチ」です。地面にある水たまりを越えるように、ボールをタッチしながら飛び越えます。水たまりタッチをすれば、抜いたあとのスピードを落とさず前にボールを運べます。あとはシュートを打って決めるだけです！

Question 23
タッチライン際での1対1が苦手です……

タッチラインに追い込まれている。打開策が見つからないよ。

このまま
縦に進んでも
どん詰まりだ……

右利き右サイドでドリブルで抜けない

　右利きで、右サイドハーフや右ウイングのポジションをやることが多いのですが、タッチライン際での1対1がとっても苦手です。

　ディフェンスの対応が素晴らしいということもあるかもしれないが、タッチラインに押し出されるようにドリブルのコースを消されてしまう。もちろんカットインをする余地もない。絶対に抜ける角度までボールを運ぼうとしても、相手の間合いに入ってしまう。「何か解決策はありますか？」

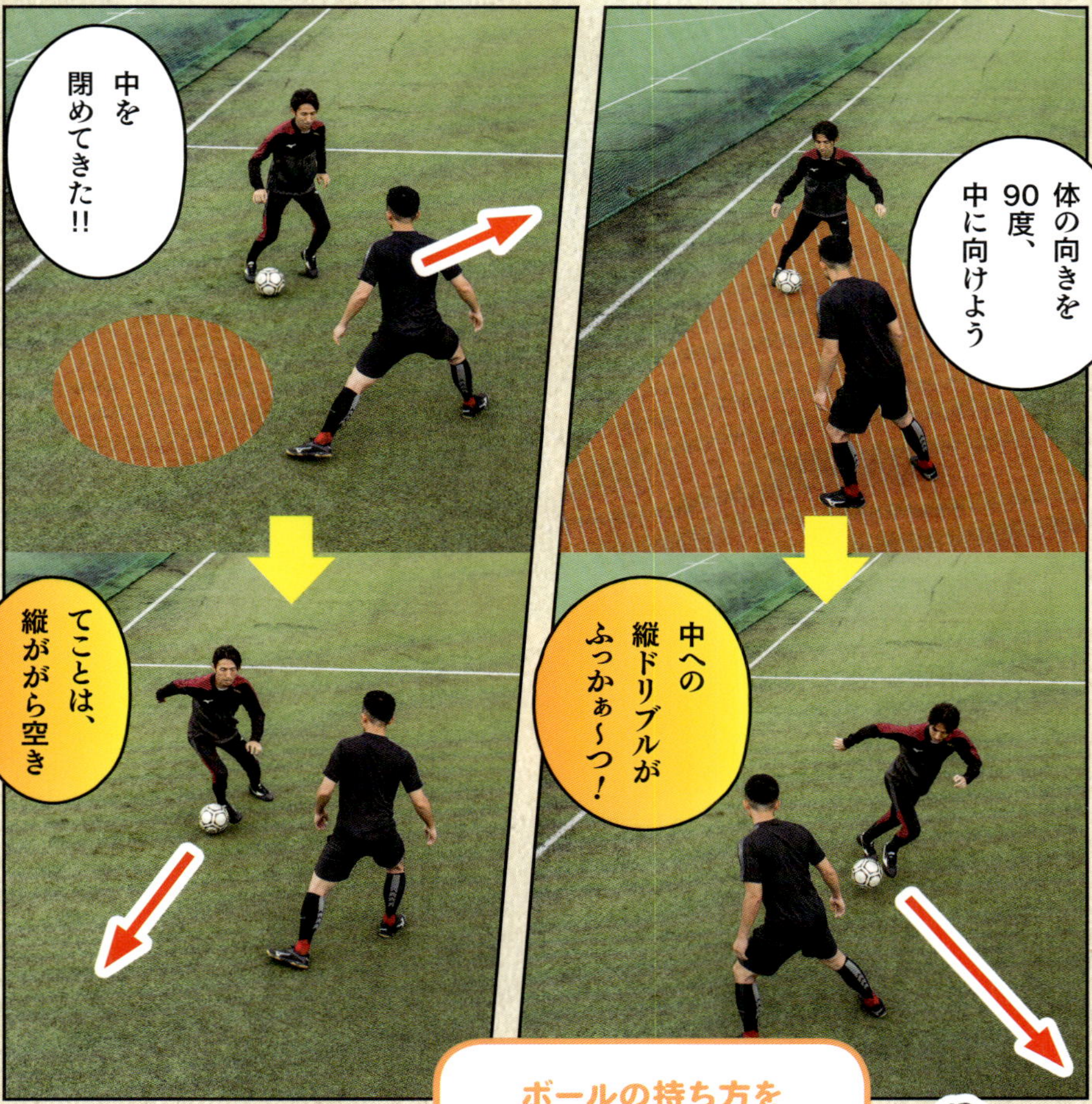

Answer ドリブルのコースを広げるような持ち方を！

利き足と同サイドでのドリブル突破は、自分のスペースを確保することが大事なんだ。だから、タッチラインに追い込まれたときは、体の角度を90度内側に入れる。ボールの持ち方を中に向けることで、タッチラインを斜めにイメージさせよう。体の向きを変えるだけでディフェンスの対応の仕方も変わってくるよ。ディフェンスの対応が素晴らしいから抜けないんじゃない。自分次第で何とでもなることを知っておきましょう。

Question 24

ディフェンスの圧が強くて体を入れられちゃう

相手とぶつかる。嫌だな。
だけどマイボールにするためには必要な試練だ。

うっ！ディフェンスの圧に負けた……
ドンッ

競り合いになっても負けないテクニック

　ドリブルのタッチが大きくなったり、どっちつかずのルーズボールのときは、ディフェンスより先にボールに追いつきマイボールにしなければいけない。

　相手が大きく強そうなディフェンダーだと躊躇しそうだけど、ここは気持ちを入れて立ち向かって競り合わないとね。ただ、ボールを自分のものにしつつ、かわしていくにはどんなテクニックが効果的なのだろうか。ディフェンスに負けない方法を教えてください。

ぶつかりそうなときは自分から体を入れよう

Answer

相手とすれ違うタイミングでルーレットしてみよう

ボールをタッチしながらディフェンスと入れ替わるように抜く、おすすめのテクニックがルーレット。ディフェンスと体がぶつかるところで、自分から反転しながら当たりにいき、ボールを遠ざけながら逃がすことができます。写真で見ても分かる通り、ディフェンスとボールはいつも距離がありますよね。右足でタッチして反転し左足にスイッチ。背中を当てながらそのまま1回転する。体と手を上手く使うのが突破するためのポイントですよ。

アカデミー 特別 レッスン

縦ドリブルが上手くなりたい！

アカデミー生のルキアくんへの特別レッスン。
絶対に抜ける縦ドリブルのスピードアップのコツとは。

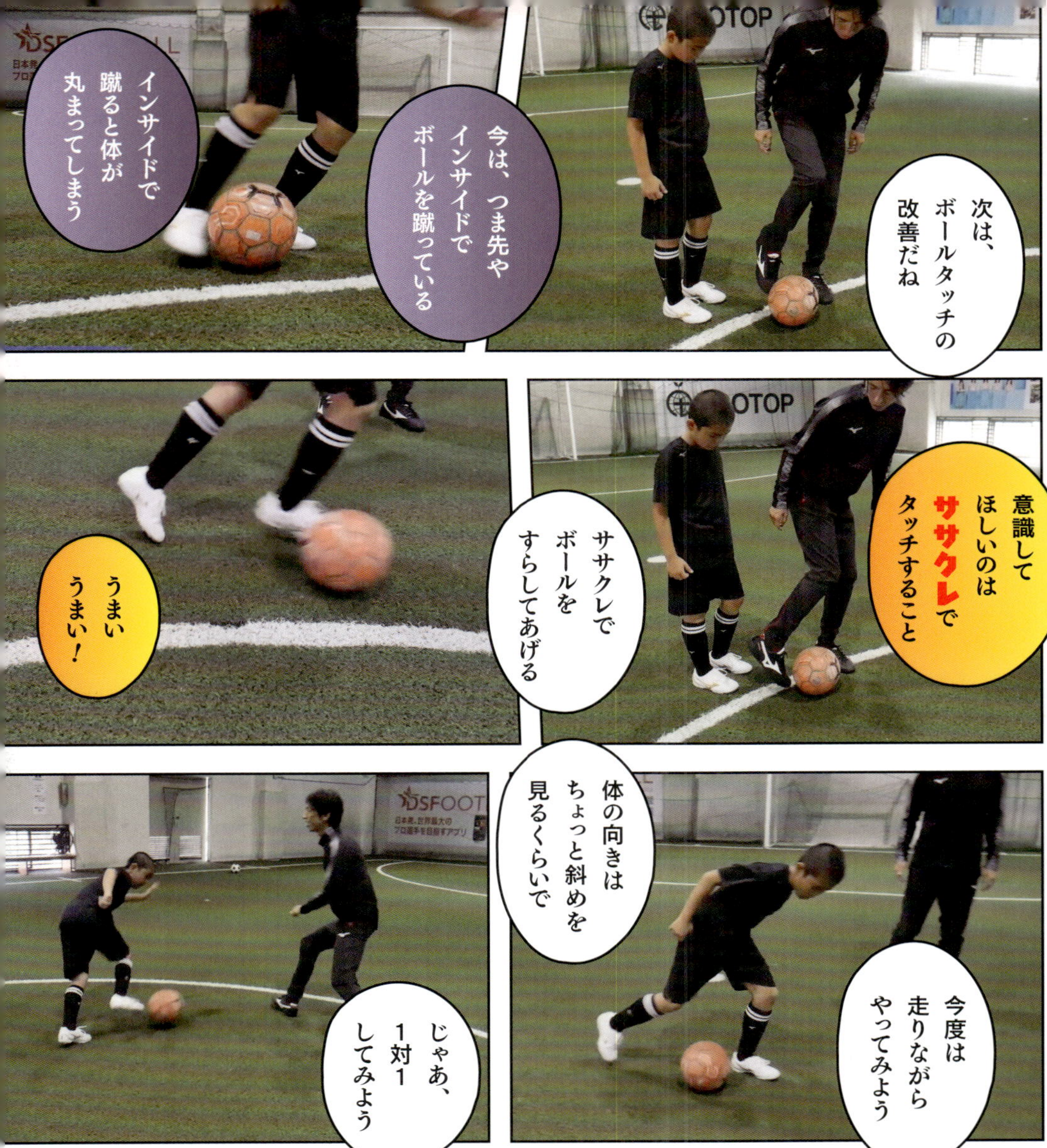
次は、ボールタッチの改善だね
今は、つま先やインサイドでボールを蹴っている
インサイドで蹴ると体が丸まってしまう
意識してほしいのはササクレでタッチすること
ササクレでボールをすらしてあげる
うまいうまい！
体の向きはちょっと斜めを見るくらいで
今度は走りながらやってみよう
じゃあ、1対1してみよう

ドリブルデザイナー
岡部将和
YouTubeチャンネルで
観てみよう！

※YouTube動画は変更、削除される可能性がございます。ご了承ください。

バッチリ！もう縦ドリブルは完璧だね！

サッカーは技術
だけじゃないよ

コラム メンタル強化のコツ

Q

小学1年生からの質問

ボールが腰から上に飛んでくると怖くてビビっちゃいます

A

サッカーでプロになるためには、逃げずにぶつかったりケガをすると分かっていても、ボールを失わないために突っ込んだりしなければならないときがあります。じつは僕もずっとこれができませんでした（笑）。僕がどうやってこの恐怖心を取り除いたのかというと、サッカーしているときは「ボールを自分の家族」と考えるようにしました。大切なものを渡したくはないということで責任感が出てきて少しずつできるようになりました。反射的に逃げてしまうのは仕方のない部分もありますが、恐怖心に勝つという意味では、慣れていく、経験していくことが大事になってきますね。

PART 3

これできるかな!?
派手ワザ・スキル集

SKILL 01

オカマゲドン

OKAMAGEDON

PLAY POINT

ボールを
斜め後ろに
引く！

ディフェンスの背中にボールを通すワザ

派手ワザ・スキルの中で最初に紹介するのは「オカマゲドン」。岡部の「オカ」とアルマゲドンから命名しました（笑）。

ディフェンスの背中にボールを浮かせて通してかわす技ですが、ディフェンスの対応によって、ボールの出す方向や角度を調整していきます。ディフェンスが距離を詰めてくるときに有効で、足の甲にボールをのせた瞬間にディフェンスは驚きつつもボールを奪いにくる。そうしたら、背後にボールを通して、そのまま抜いていきます。ぜひチャレンジしてみてください。

足の甲に
ボールを
のせて
ジャンプ！
ヒザを前に
出すように
同時に
跳んでみよう
そのまま
ボールを
タッチし抜く！

01 オカマゲドン
OKAMAGEDON

YouTube動画
1分35秒からを参照!

ディフェンスがワンサイドカットのような半身の体勢で距離を詰めてくるときに効果的なワザだ。ボールを斜め後ろに引くことで、ボールを浮かしやすくなるぞ。

3

4
ボールを
足にのせて、
そのままヒザを
前に出し
一緒に跳ぶ

7
軸足が
地面についたと
同時にそのまま
走れるぞ!

8

SKILL 02

ハリケーン

HURRICANE

PLAY POINT

「イチ」で
右足で
ボールを引く

ボールを浮かせたときに相手から隠すのがキモ

ボールをチョンと浮かせてから、ヒールで天高くボールを上げてディフェンスをかわす派手ワザです。試合で使うのはちょっと成功しづらいかもしれませんが、1対1の練習などでは面白いと思います。ディフェンスとの距離を縮めながら背中を向け、直後の2回のタッチでボールを浮かせて3回目のタッチでヒールに当てます。ポイントは、「イチ、ニ」のリズムでボールを隠して、「サン」でディフェンスにボールを見せ、視線がボールに集中した瞬間の「ヨン」でヒールに当てて上げることです。

「ニ」で左のつま先で浮かせる
体の横にボールを浮かせる「サン」
「ヨン」でヒールに当てる
ボールを隠す！
ボールを見せる！

02 ハリケーン

HURRICANE

1
2
ルーレットを
するように
右足タッチ

5
ジャンプしながら
左足でボールを
浮かせよう
6
浮かせる位置は
体の横に！
ココが
ポイントだ

ディフェンスとの距離を詰めていきながら、相手の虚をついていこう。大事なのはリズムとディフェンスにプレーを読まれないこと。そのための隠されたコツがある。

SKILL 03

マタドール

MATADOR

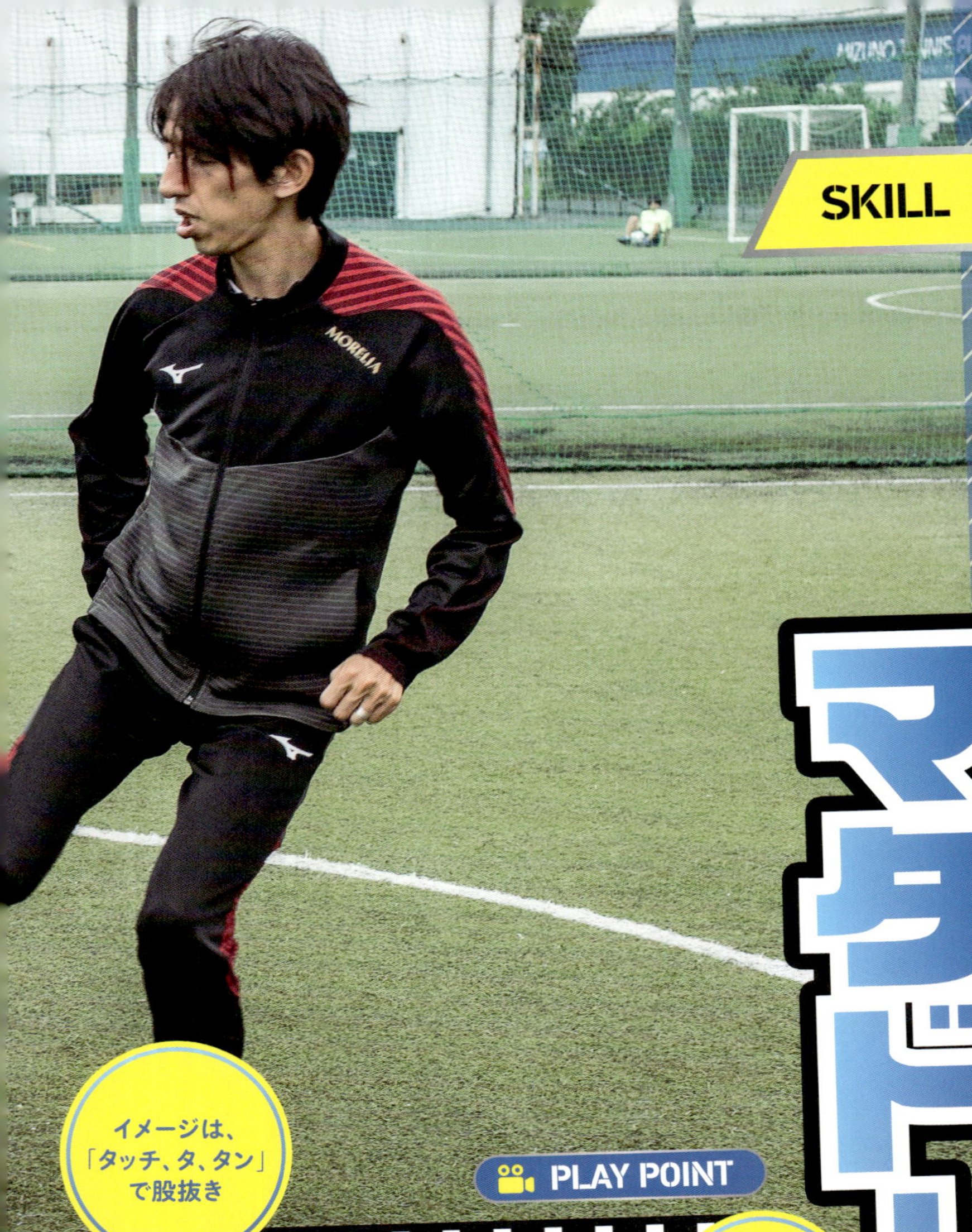

PLAY POINT

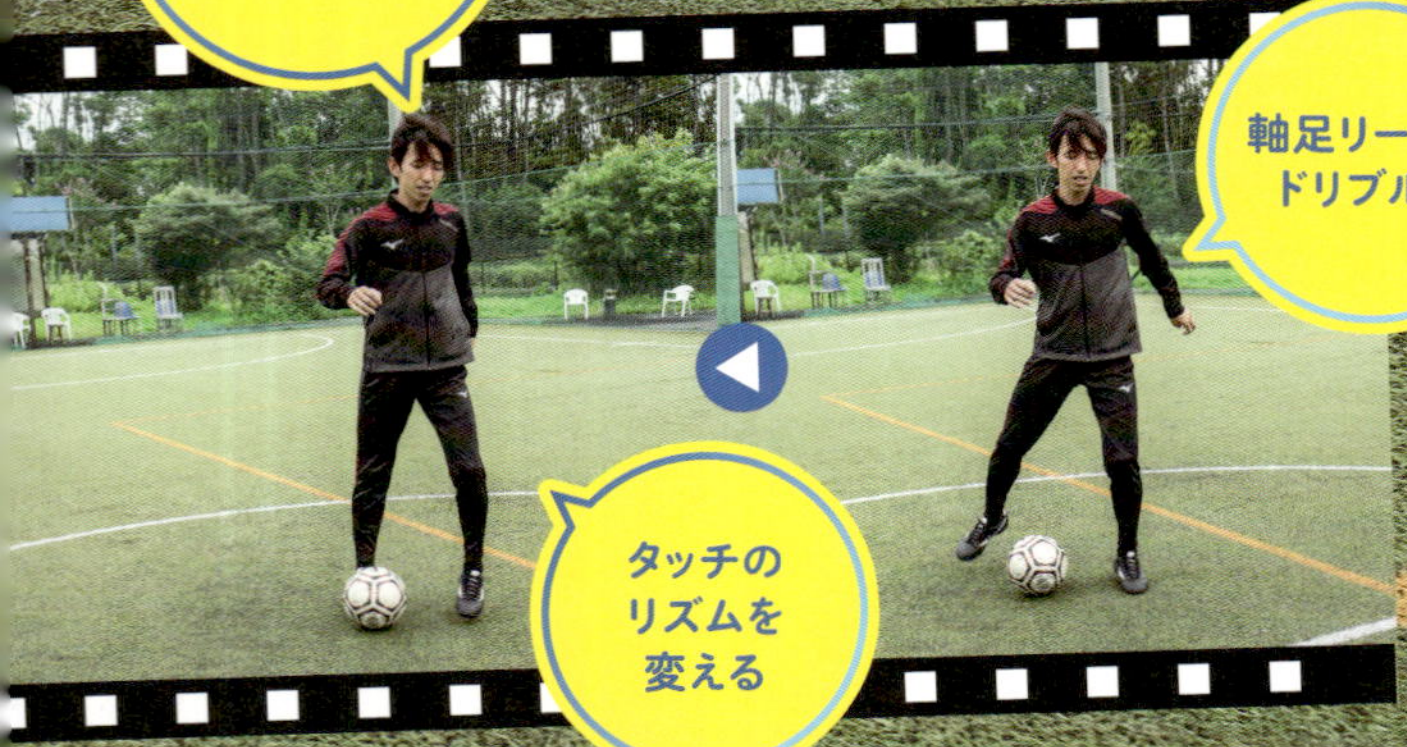

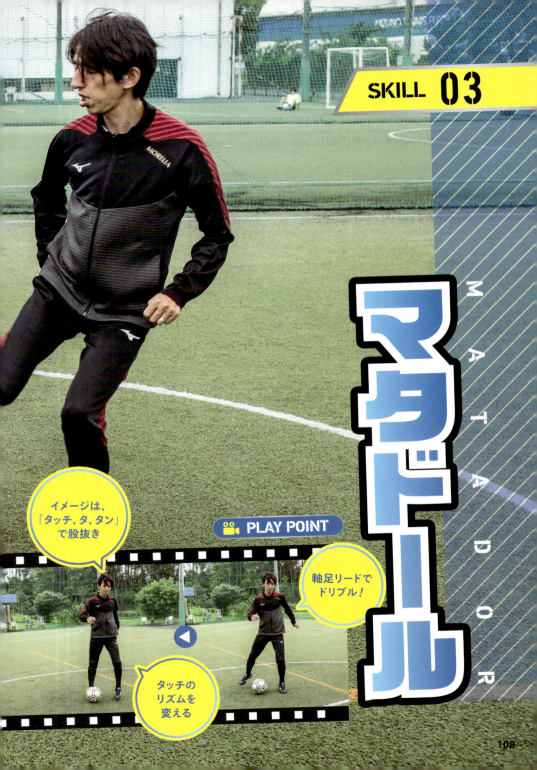

リズム変化が股抜きのポイント

やっぱり股抜きには憧れる！ 誰もが一度は股抜きでディフェンスに完全勝利をして優越感に浸りたいと思っているのではないでしょうか。そんな股抜きの中でも特別なワザを紹介します。縦に抜くように見せて、ディフェンスが足を出した瞬間に右足の裏で後ろ向きで股を通します。ポイントはリズム変化です。タッチのリズムを変えるのですが、ディフェンスが本能的に出る足のステップとは異なるリズムにします。股抜きをする前のドリブルにもポイントがあるので、連続写真を確認してみてください。

股抜き前の
タッチのリズムを
速く！
がポイント

03 マタドール
MATADOR

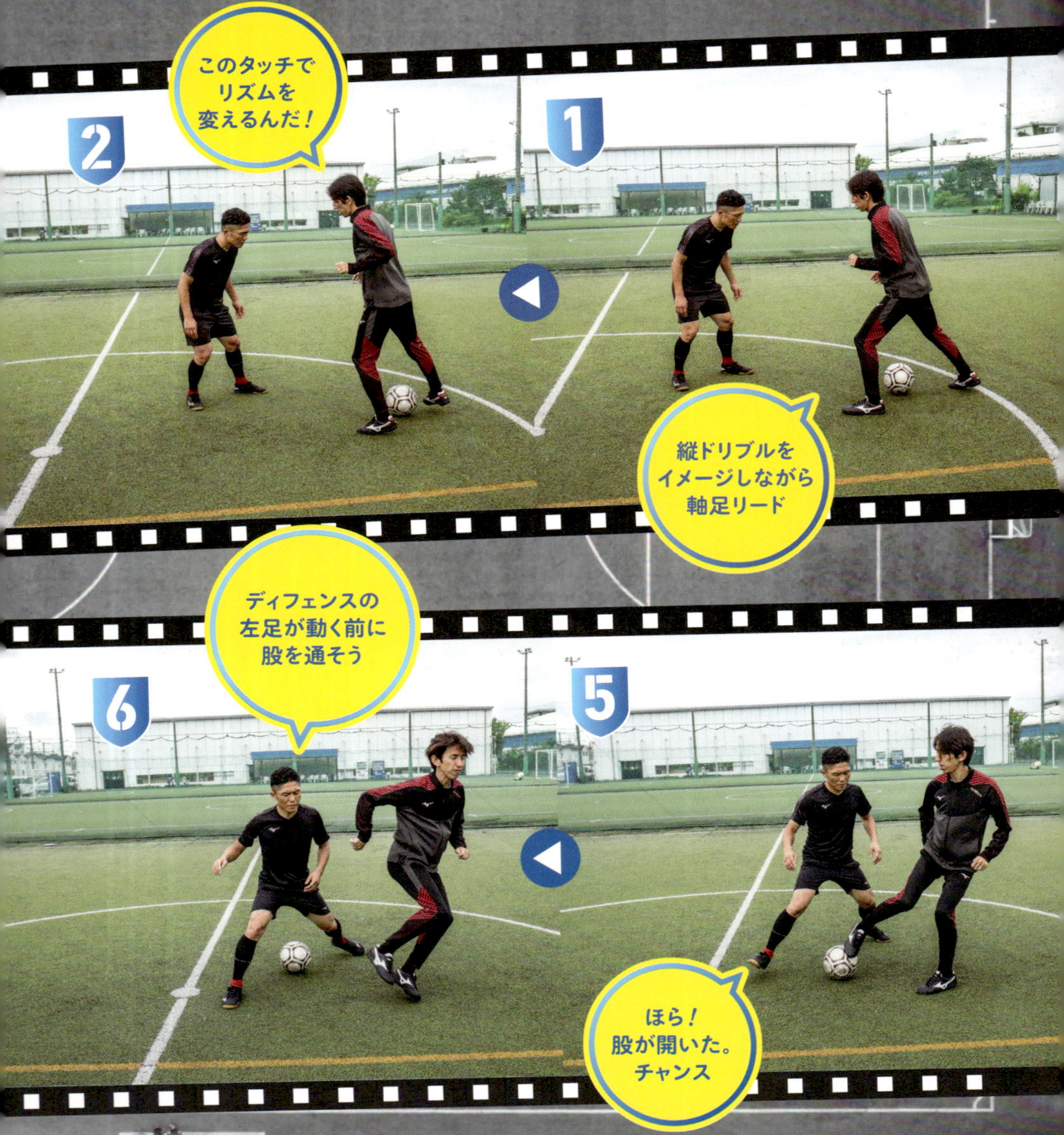

YouTube動画
1分43秒からを参照!

縦ドリブルをするとディフェンスが縦を塞ぐために足を伸ばしてくる。ということは、股が開くよね! この瞬間を見逃さずに、マタドールを発動しよう。

3
4
このあたりで
ディフェンスは
右足を前に
出してくるぞ

7
8
体が
ぶつからないよう
クルッと回る

PLAY POINT

アウトで
出したボールを
足が追い越す
イメージで！

SKILL 04

イナズマ

INAZUMA

足が
追い越せば
インタッチで
エラシコに！
左に出た
ボールを
インタッチで
押し出していく！

相手とタイミングを合わせるのがコツ

股抜きはディフェンスのリアクションによっては、高確率で成功するとは言いづらいワザです。成功率をより上げるためには、いくつかのコツがあります。それは、ここで紹介する「イナズマ」に集約されています。まずは、エラシコをしますが、このときにディフェンスのステップとタイミングを合わせていきます。呼吸を合わせシンクロさせるイメージです。そして、エラシコのタッチに釘付けにします。エラシコのインタッチで反応し足が出ますので、左足のインタッチで間髪いれず股を抜いていきます。

04 イナズマ
INAZUMA

1
2
ディフェンスから見ると、通常のカットインでの切り返しに見える

5
6
「タン、タン、タン」というリズムで股を抜いていく

「イナズマ」はエラシコにワンタッチを加えてディフェンスの股を抜くドリブルです。相手は縦に抜かれると思いきや、気づいたらカットインされるワザとなります。

3
エラシコは
出したボールを
足が追いつくような
イメージで！
4
ディフェンスは
右足が出て、
重心も右にある
状態
7
8
良い
ディフェンダーほど
股が開く
ワザなんだ！

SKILL 05

ツイスター

TWISTER

PLAY POINT

斜め後ろに
ボールを引くのが
ポイント！

ボールを浮かせて180度反転する

オシャレに「シャペウ」でボールを浮かせてディフェンスをかわしていくワザが「ツイスター」です。ディフェンスが距離を詰めてきたところで、ボールを引いてスナップを利かせてボールを浮かせます。浮かせながら体を180度反転させて抜いていきます。

ポイントは、ボールを浮かせる「シャペウ」です。斜め後ろにボールを引いて、その勢いを使って引き上げるようにします。シャペウをする足がピンと伸びるときにボールが上がるイメージです。

つま先をスナップさせて足がピンと伸びるときにボールが上がるぞ！
ヒザを引っ込めるようにつま先を振り出すイメージ！

05 ツイスター

TWISTER

YouTube動画
57秒からを参照!

ツイスターは、ボールを引いてディフェンスを引きつけてから繰り出すと効果的。軸足をバックステップさせてよりディフェンスを誘い出すことで成功率は上がるよ。

3
ボールを引くと
同時に軸足を
バックステップ!

4

7

8

アカデミー 特別 レッスン

素早いターンのコツは？

アカデミー生限定のパーソナルトレーニング。
今回は大分から来てくれたヨシトくんの悩みを解決するぞ。

ドリブルデザイナー
岡部将和
YouTubeチャンネルで
観てみよう！

※YouTube動画は変更、削除される可能性がございます。ご了承ください。

サッカーは技術
だけじゃないよ

コラム メンタル強化のコツ

Q

小学6年生からの質問

ケガをして練習ができません。ケガをしている中で役立つトレーニングはありますか？

A

ケガをすると焦りがちになりますが、まずは焦らず安静にして治すこと。休むのも練習です。サッカーが上手くなるためには、量をやること、質を高めること、そして「忘れること」も大切で、今までクセになっていたことを忘れるために、休息期間に良いイメージのサッカーを見て（プロの試合など）、イメージを良くすることで上手くなることができます。だから、休息期間が必ずしもマイナスではなく、前向きに捉えて日々を過ごしてください。トレーニングとしては、ビジョントレーニングがおすすめです。頭とか目の力を高めると良いですよ。

PART 4

キミはどのタイプのドリブラーだ？

スピードがあるタイプ

足の速さなら誰にも負けない。鈍足ディフェンスなんて一瞬さ。

CHECK

身体能力はある方

周りからは身体能力やバネはあると言われている。ジャンプ力にも自信がある

CHECK

身長は普通で細身

身長はチームメイトの中でも普通。細身だが足だけは誰よりも速い

CHECK

一瞬のスピードに自信

スタートダッシュはすごく得意。5m走ならチームナンバーワンだ

世界にいるスピードスター

キリアン・エムバペ
国籍 フランス
生年月日 1998年12月20日
178cm／73kg

リオネル・メッシ
国籍 アルゼンチン
生年月日 1987年6月24日
170cm／72kg

モハメド・サラー
国籍 エジプト
生年月日 1992年6月15日
175cm／71kg

PICK UP スピードタイプは縦一閃!

このドリブルを武器にしてごらん!

サッカーにおいて足が速いというのは大きな武器です。スピードがあれば、ドリブルのバリエーションは豊富になります。僕は足がそれほど速くはないので、とてもうらやましいですね。スピードタイプのキミにおすすめなドリブルは「縦一閃」で間違いないですね。ヨーイドンで勝負したら絶対に負けないと思いますので、勝てる角度までボールを運べば勝負ありです。

絶対勝てる角度からヨーイドンで勝負!
速いな〜。勝てる気がしないよ……
ゴールに一直線だ!

リーチがあるタイプ

身長もあるし手足が長いのが自慢。僕の近くには寄れないよ。

CHECK

スラッとしている

筋肉隆々ではなく、どちらかというとスラッとしている。身長は高め

CHECK

懐は深いほうだ

ボールキープには自信がある。懐が深く、そう簡単にはボールを失わない

CHECK

手足が長い

人より手足が長い。海外の選手のように遠くに足を出せると思う

世界にいる長身フォワード

ズラタン・イブラヒモビッチ
国籍 スウェーデン
生年月日 1981年10月3日
195cm／95kg

ロベルト・レバンドフスキ
国籍 ポーランド
生年月日 1988年8月21日
184cm／79kg

アーリング・ハーランド
国籍 ノルウェー
生年月日 2000年7月21日
194cm／87kg

PICK UP

リーチが長い人はタップカットイン!

このドリブルを武器にしてごらん!

日本人選手には少ないタイプですが、海外にはリーチの長い選手はたくさんいます。ディフェンダーで手足が長くて、足をグンと伸ばしたときの距離は驚くほどです。リーチが長いなと思う人は、その手足の長さを生かすために、タップカットインなどの横に大きく動くドリブルを覚えると良いでしょう。人一倍横移動できるため、相手を簡単に剥がせるのでおすすめですよ。

ボールの横にタップ!

ここはタップカットインだな

ディフェンダーを簡単に剥がせる

タップすればステップが大きくできる

フィジカル押しタイプ

当たられてもびくともしない重戦車。さあいつでも向かってこい。

CHECK

体幹はちゃんと鍛えている

やっぱりサッカー選手には強い体幹が必要。体幹トレーニングは欠かせない

CHECK

体は強いほうだ

ガッチリとした体格で当たり負けはほとんどしない。体を張ることも得意

CHECK

空中戦に絶対の自信がある

チームで一番の身長ではないけど、空中戦には絶対の自信がある

世界にいるフィジカルモンスター

C・ロナウド
国籍 ポルトガル
生年月日 1985年2月5日
185cm／80kg

ロメル・ルカク
国籍 ベルギー
生年月日 1993年5月13日
190cm／104kg

ナビル・フェキル
国籍 フランス
生年月日 1993年7月18日
173cm／72kg

PICK UP

フィジカルが強ければルーレットでキープ

このドリブルを武器にしてごらん!

相手とのボールの奪い合いや競り合い。迫力のある肉弾戦もサッカーの魅力の1つです。フィジカルの強い選手は、テクニックで勝てなくても勝負には勝つことができます。体を上手く使うことを覚えれば怖いものなしです。そんなタイプにおすすめなドリブルがルーレットです。体を使ってボールを失わずにキープできれば、試合で時間を作ることができて大助かりです。

相手に体をぶつけてブロックしてルーレット
ルーズボールを先に拾いたい
体を上手くつかって相手をかわそう
ボールを相手から遠くに!

DRIBBLER TYPE 04

テクニック抜群タイプ

僕からボールは絶対取れないよ。スキルがあれば最強だ。

CHECK

俊敏性は あると思う

ステップワークや俊敏な動きも速いほうだと思う。キレを大事にしている

CHECK

ボールスキルは 抜群

ボールテクニックは毎日練習している。タッチの柔らかさにも自信あり

CHECK

プレーに 余裕がある

ボールスキルに自信があるので、相手を見ながら余裕を持ってプレーできる

世界にいるテクニシャン

ネイマール
国籍 ブラジル
生年月日 1992年2月5日
175cm／68kg

イスコ
国籍 スペイン
生年月日 1992年4月21日
176cm／74kg

久保建英
国籍 日本
生年月日 2001年6月4日
173cm／67kg

PICK UP

テクニシャンはタイミングで抜く

このドリブルを武器にしてごらん!

類まれなテクニックを持つ選手は世界的にも多くいます。もちろん天性だけでなく絶え間ない努力の末に、そのスキルを持てた部分が大きいです。皆さん共通しているのは楽しくサッカーをしていることです。繰り出すプレーには楽しさが滲み出ますね。テクニックに自信がある人はタイミングがキーワードです。逆をとったりタイミングを狂わせるドリブルがおすすめですね。

相手のタイミングさえズラせばかわすのは簡単!
ボールをタッチしてステップ
ディフェンダーを簡単に剥がせる

ドリブルマーカー

ステップワークの俊敏性を向上させる

ドリブルマーカーとは?

ステップの強、中、弱を信号色のレッド、イエロー、ブルーで表現。
ドリブルテクニック別に配置を変えることで、ステップが身につく

レッド
めっちゃ強く長く踏む
イエロー
レッドとブルーの真ん中くらい
ブルー
弱く短く踏む

動画をチェック!

完璧なステップを身につけるために

「ドリブルでどのようにステップしますか」という質問をよく受けます。僕は基本的に、相手が分かっていたとしても止められないドリブルを心がけています。完璧なステップをすれば必ず抜けると思ってドリブル練習をしています。そのステップを身につけるためのトレーニングとしておすすめしたいのがドリブルマーカーです。ステップの強弱を色で分かるようにしてあるので、ドリブルを実践するときに、どんなステップを踏めば良いのか分かります。素早くダイナミックな動きの習得を目指してください。

CHECK

タップカットインの配置

カットインをするときに横に大きく動くために行うタップカットイン。この練習をするときは、ステップの強弱を考えて配置しよう

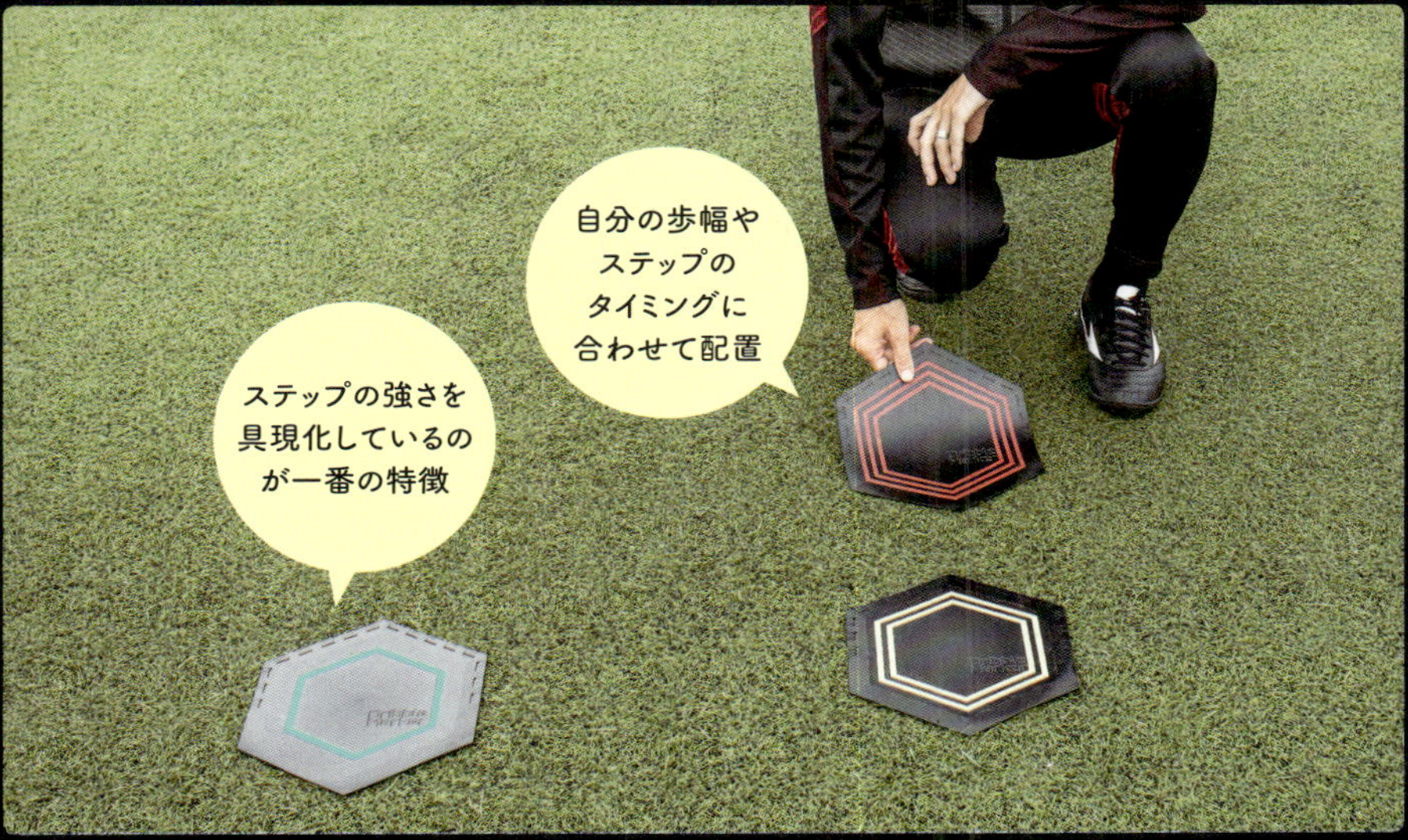
自分の歩幅や
ステップの
タイミングに
合わせて配置
ステップの強さを
具現化しているの
が一番の特徴

右足でブルー。
ここがタップの
ステップ
強く長く踏む！
左足で
イエローを
踏んで
抜きにいく

ドリブルマーカー

ドリブルテクニックのステップを強化しよう

右足とほぼ同時に左足でイエローにステップ

イエローがカットインをするアクセルとなる

2回目のイエローは抜くためのアクセルにする

ステップの強さをコントロールできるようにしたい

岡部コーチが得意としているタップカットインや軸足飛ばしのカットインのステップを、ドリブルマーカーでトレーニング。どのようにステップするのか、トレーニングポイントを解説する

タップカットインのトレーニング

左足でレッドを長く強く踏んで間を作る

右足で短く瞬間的なステップでブルー。地面をタップ

軸足飛ばしのカットインのトレーニング

軸足飛ばしは2回連続でステップを踏むのがポイントになる

軸足のステップは2枚ともイエローの強さで

アカデミー特別レッスン

カットインを学びたい！

将来、FCバルセロナに入ることを目指しているアカデミー生のシアくん。縦を切られたときのカットインを身につけたい。

じゃあ応用でネイマールのカットイン
軸足を少し前に出すイメージ
体を正面じゃなくて少し斜めに向けよう
こうすれば縦の怖さもでてくるよ！
次はタップカットインだね！
タップカットインは蹴る足を1回ボールの前でタップする
あっ！マーカーなしで一発でできたぁ（笑）
やる必要な〜し！
これ大事なこと！
できていることを時間をかけてやる必要はない！
できていることを繰り返しても成長はなかなかしないから…
時間がもったいないからもっと次に向かおう！
ドリブルデザイナー岡部将和YouTubeチャンネルで観てみよう！
※YouTube動画は変更、削除される可能性がございます。ご了承ください。

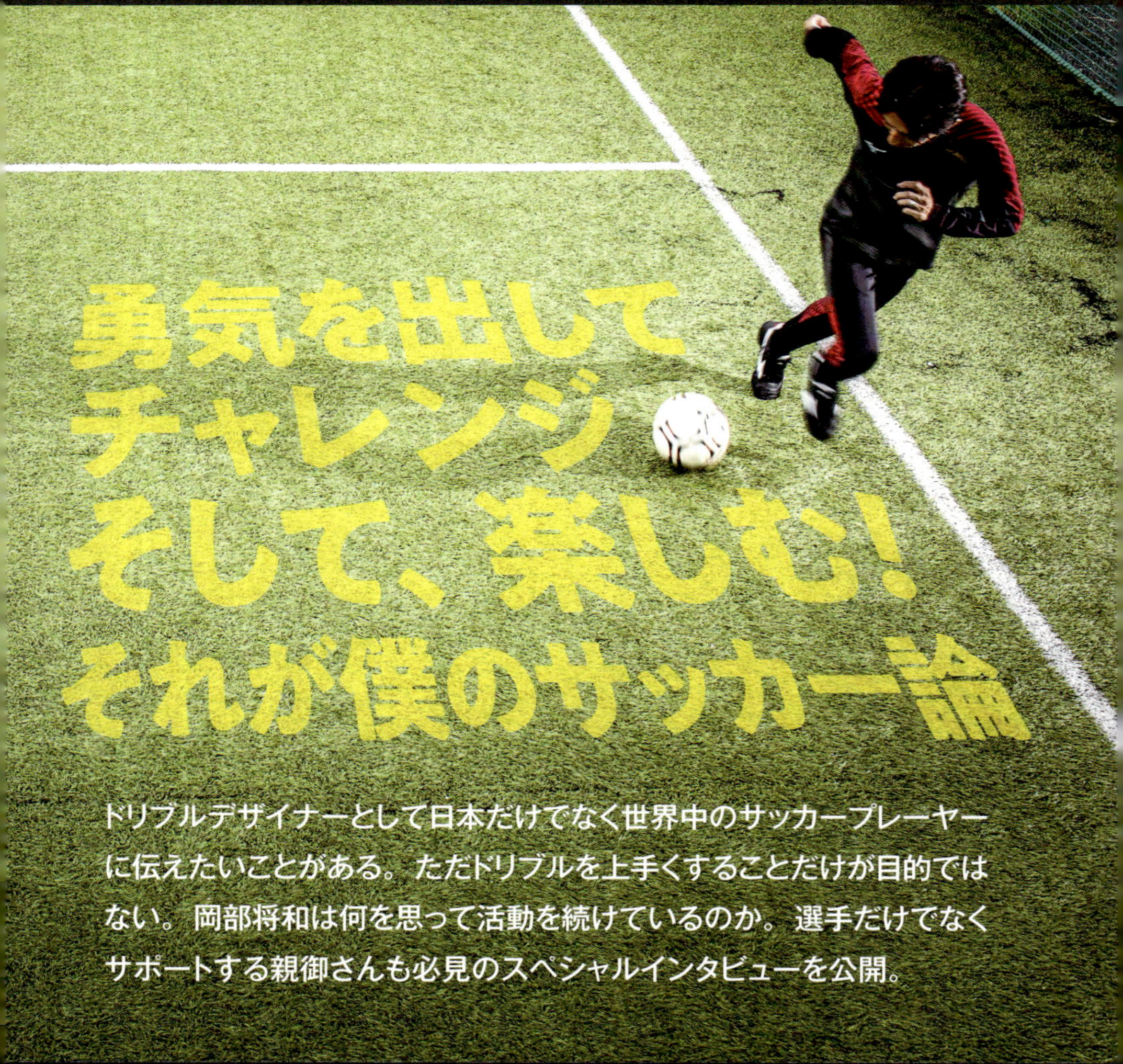

勇気を出してチャレンジそして、楽しむ！それが僕のサッカー論

ドリブルデザイナーとして日本だけでなく世界中のサッカープレーヤーに伝えたいことがある。ただドリブルを上手くすることだけが目的ではない。岡部将和は何を思って活動を続けているのか。選手だけでなくサポートする親御さんも必見のスペシャルインタビューを公開。

試合をする前にやれる努力がある

――ドリブルをロジックで考えて言語化しようと思ったのはいつ頃からですか？

岡部　もともと自分は細かく理詰めで物事を考えるのが好きなんです。ですので、自分の中ではずっとロジックを持ちながらプレーしていました。それらをサッカーや、特にドリブルで悩んでいる人たちに伝えたいと思いました。ちょっとでも手助けになればいいなと思って。そして、言語化したものを形として残したいと思ったからでもあります。

――選手時代から思ってい

ドリブルデザイナー
岡部将和

SPECIAL
INTERVIEW
MASAKAZU
OKABE

たのですね

岡部　はい。そうなんです。自分は人一倍体も小さくて身体能力も低いので、試合をする前にやれる努力というところで、差をつけなければいけなかったんです。

——本書のPART1で距離や角度の解説がありましたが、結構前から意識されていたのですね

岡部　そうですね。ディフェンダーと同じタイミングや間合いから外れるためにどうすれば良いのかはずっと考えていました。タイミングが合ってしまったり、共有しちゃうとボールを取られてしまうので。ディフェンダーと同じ時間を共有しないように。それは意識していましたね。

――ドリブルは昔から感覚としてとらわれがちで、ドリブルの理論なんて考えもしなかったです

岡部　ドリブルをロジックに転換する人なんて誰もいないでしょうね（笑）。おそらく僕くらいだと思いますね。

指導者として
選手を輝かせるために

――なぜ、ドリブルデザイナーになったのですか？キッカケは何ですか？

岡部　選手を輝かせるのがすごく面白いと思ったからです。そして、選手にチャレンジすることの大切さをまずは教えたくて。そのことを少しでも多くの人に伝えたい。その気持ちがあったからです。

――そのとき、何か目標は立てましたか？

岡部　目標を立てるとき、僕は一番難しいというか、一番自分の理想通りにいったらどんな感じになるんだろうというのを想像しています。サッカーを経験したことがある人が、世界には16億人いると聞きました。その16億人みんなに、自分の理論を伝えられるくらいの人間になろうと思いました。それが目標ですね。

言語化したものを
悩んでいる人たちに伝えたい

――選手としてプレーしたり、活動をする気持ちはもうないのですか？

岡部　もうゼロですね（笑）。ただ動けるようにはしておきたいと思っています。ですが、指導者として選手を輝かせることができるのであれば、プレーを実践することはいつやめても良いと思っています。明日にでもやめても良いです（笑）。

――指導者として、子どもたちとどう接していますか？　どんな指導を心がけていますか？

岡部　良いところを伸ばす。

大切なのは
夢中になって
チャレンジすること

選手の良いところしか見ていないです。ストロングポイントを伸ばしていくことを考えています。苦手な部分を改善するなどの指摘はしないです。

―日本人の子どもたちを見ていて、ここがスゴイなと思う部分はありますか？

岡部　とても勤勉ですね。スゴくマジメです。技術的にもレベルは高いと思います。やはりマジメなので、トレーニングの量も多くなる。ですので、ボールテクニックを繰り返し練習しているので、みんなとても上手いなと感じています。

―指導する子どもたち（選手）には色々なタイプがいます。全員が全員、ちゃんと指導をすればドリブルが上手くなるというイメージでしょうか？

岡部　いえいえ。もともとの自分の指導コンセプトが「何か自分でやると決めたものに対してしっかりと向き合って、言い訳なく全力でやろう」ということですので、ドリブルじゃなくても、パスでもシュートでも。別にサッカーでなくても良いと思っています（笑）。

僕がドリブルが好きで得意だからドリブルのテクニックを伝えさせていただいていますけど、同じように何か夢中になれるものが出てきて、それに全力で取り組めるなら、それで良いと思っています。

―続けてきたサッカーをやめてしまうともったいない気もしますね

岡部　たしかにそうですね。だけど、他に好きなものを見つけて夢中になってチャレンジできれば、その決断を尊重します。

親は子どもが全力で打ち込める環境作りを

―日本人選手に足りないなと思うところがあれば教えてください

岡部　失敗を恐れて挑戦をすることが少ないかなと感じます。それは、子どもが悪いというよりかは、周りの大人が、その挑戦をできないような状況にしてしまっているような部分もあると思います。

——環境ですね

岡部　はい。9個の成功より、1個の失敗をしたせいで、9個の成功すら消えてしまう。意図的ではなく、そのような環境に自然としてしまっていることが問題ですね。

——海外は違うのでしょうか？

岡部　世界は、9個失敗しても、1個成功したら、それは成功となる。これは学ばなければいけない文化の1つですね。

——日本人の子どもたちがもっと伸ばしたほうが良いことは何でしょうか？

岡部　挑戦すること。心の部分を伸ばしてほしいです。技術的には世界的にも優れていると思いますので、メンタル面を強くしていったほうが良いと思います。

——指導されているときは、メンタル面のことは話をしているのですか？

岡部　めっちゃします！むしろ、その方が多いかもしれません。テクニカルなことよりも心の部分。とても大事だと思っています。

——ジュニア世代から年齢が上がれば、多少は改善されるのでしょうか

子どもたちが
挑戦することを
一生懸命応援しよう！

岡部　いや。逆ですね。中高生のほうがチャレンジすることへの恐怖心は増していると思います。大人になるにつれて、1回のミスをこっぴどく叱ったり、バカにしたり、文句を言ったり……。

——伝えていかなければならないですね

岡部　それを伝えていくのは、子どもたちではなく、大人たちが背中で見せていかなければいけない。そのことがとても大事ですね。

——親御さんは、我が子に

何を伝えていけば良いですか？

岡部　「幸せを願っているよ！」「いつも応援しているよ！」ということでいいと思います。

――指導はしないほうが……。

岡部　基本はしないほうが良いと思います。応援してもらうほうがいいですね。アドバイスをすることには問題はありませんが、基本はサポートしてあげることを。愛情を注いでもらい、環境作りを大切にしてもらいたいです。

――親御さんのどんなサポートが理想的ですか？

岡部　選択肢を増やす努力。楽しいと思うものを見てもらうというか、経験する環境だったりとか。最初のうちは、お父さん、お母さんが環境を作る努力をしてもらいたいです。

――サッカーだけをやるよりは、色々なことを経験してみて、最終的にサッカーを選択するのでもありということですか？

岡部　もちろんありだと思います。本当に好きだなと思えるものに、全力で打ち込めるようにサポートしてもらいたいです。

PROFILE

ドリブルデザイナー
岡部将和

1983年8月1日、神奈川県出身。Fリーグ出身のドリブル専門指導者。誰でも抜けるドリブル理論を持ち、YouTubeをはじめSNS上で配信する。フォロワーは197万人。ドリブル動画閲覧数は2億回再生を超える。国内はもちろん世界各国からアクセスされ、現在は全世界でドリブルクリニック開催中。また、サッカー日本代表選手や世界のスター選手に個別で独自のドリブル理論を指導。ロナウジーニョ、ネイマール、ヴィニシウス、本田圭佑、ジーコ、デル・ピエロ、ピルロなど名だたる選手達とコラボ・対談を果たしている。
http://dribbledesigner.com

最強ディフェンダー
しょうごBOSS

1982年4月3日、神奈川県出身。ドリブルデザイナー岡部将和とともに最強DFとして活動。サッカーにおける独自のディフェンス理論を主にSNSで配信。全国各地でイベントを開催している。

ドリブルデザイナー岡《おか》部《べ》将和《まさかず》が教《おし》える

超《ちょう》ドリブル講座《こうざ》

2020年10月29日　初版発行

著者／岡《おか》部《べ》 将和《まさかず》

発行者／青柳 昌行

発行／株式会社KADOKAWA
〒102-8177　東京都千代田区富士見2-13-3
電話　0570-002-301(ナビダイヤル)

印刷所／大日本印刷株式会社

●お問い合わせ
https://www.kadokawa.co.jp/（「お問い合わせ」へお進みください）
※内容によっては、お答えできない場合があります。
※サポートは日本国内のみとさせていただきます。
※Japanese text only

定価はカバーに表示してあります。

ISBN 978-4-04-896869-0　C0075